HALLO
Herbst
fall
MOST OF ALL

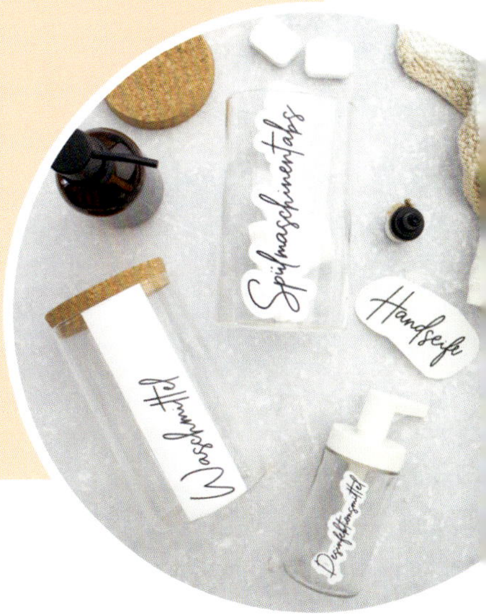

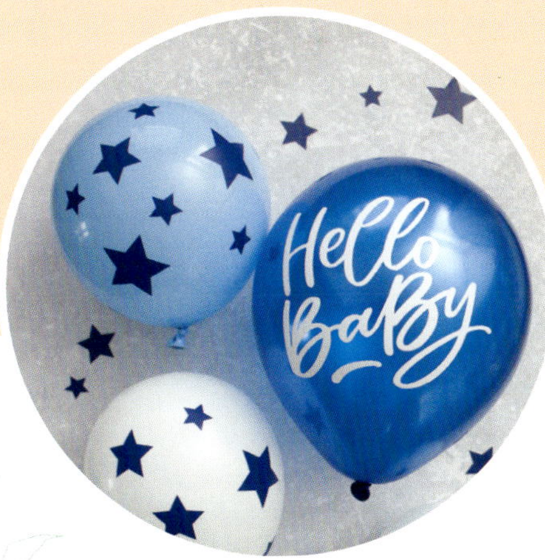
Hello
BaBy
Spülmaschinentabs
Handseife
Waschmittel

WILLKOMMEN in der Welt des Cricut Joy!

In deinen Händen hältst du das Kreativbuch zum aktuell kompaktesten Plotter auf dem Markt – dem Cricut Joy.

Es richtet sich an alle, die mit dem Plotten starten möchten, an fortgeschrittene Plotterbegeisterte, die ihr Wissen gern erweitern möchten oder neue Möglichkeiten für sich entdecken wollen.

Das Buch soll dich dabei unterstützen, das Drumherum zu verstehen und deine Projekte ganz individuell anzupassen. Denn wer mit Leichtigkeit an das Kreativsein herangeht, kann ganz wundervolle und einzigartige Projekte für sich selbst oder zum Verschenken gestalten.

Auf den folgenden Seiten erwartet dich zuerst eine kleine Übersicht zum Cricut Joy. Anschließend erhältst du von mir jede Menge Informationen zu den Werkzeugen, Schneidematten, Materialien und mehr.

Mit diesem Wissen wirst du leichter in die darauffolgenden 23 wundervollen Projekte mit über 60 Motivvorlagen starten können.

Du bekommst ein ausführliches Einleitungsvideo zum Cricut Design Space, in dem ich dir Schritt für Schritt die einzelnen Funktionen erkläre. Außerdem gibt es noch verschiedene Erklär-Videos zu bestimmten Funktionen im Arbeitsbereich.

Ich wünsche dir ganz viel Spaß mit diesem abwechslungsreichen Buch!

Deine Mone

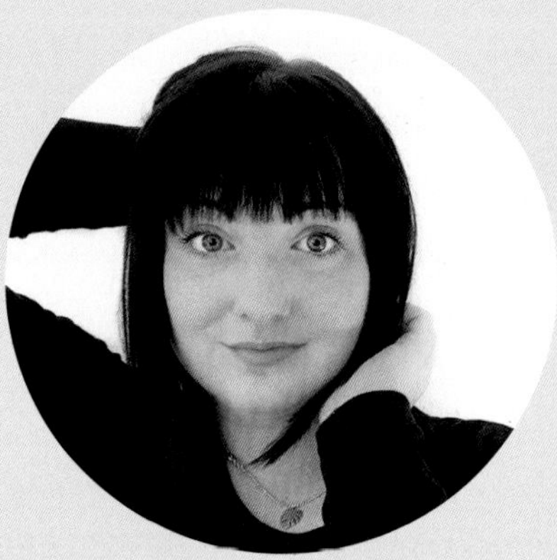

Simone Groß

machsschoen

Das DIY-Buch für den Cricut Joy

Plotter-
be creative!

EMF

EIN BUCH DER
EDITION MICHAEL FISCHER

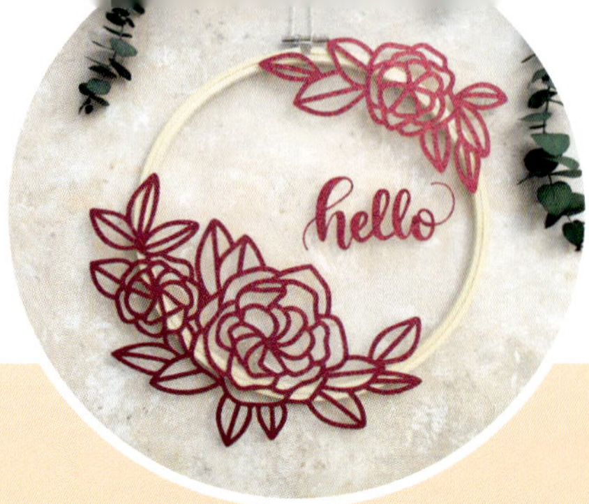

Inhalt

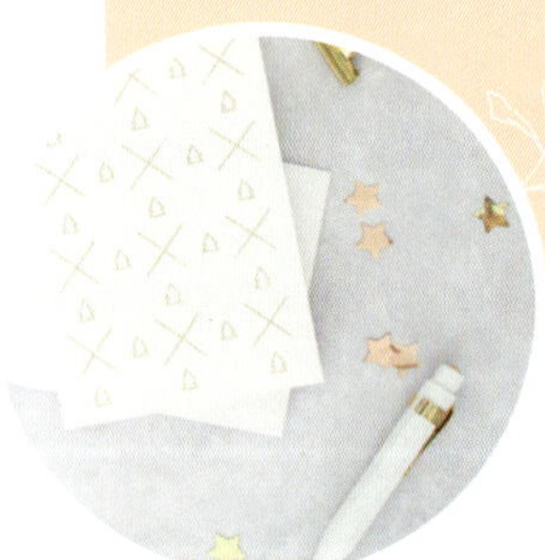

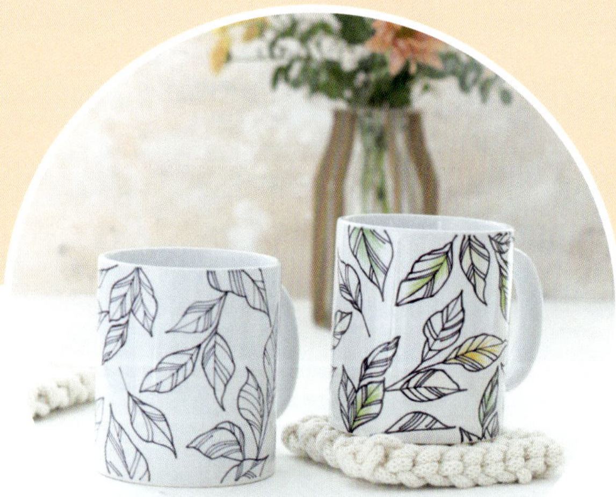

Wie ich zum Plotten gekommen bin

Ich bin 2016 zufällig in unserem Urlaub auf die Marke Cricut gestoßen. Ich betrat einen Bastelladen im amerikanischen Fort Myers/ Florida. Ein wahres Paradies für jeden DIY-Fan. Ich schlenderte mit meinem Einkaufswagen herum, bis ich an einem Display stehen blieb. Drei bunte, untereinander drapierte Geräte mit geöffneten Klappen lächelten mich einladend an. Mein Blick wanderte zu den vielen bunten Röllchen, die neben den Schneidemaschinen hingen. Im Gang nebenan gab es noch viel mehr Rollen, in allen erdenklichen Farben. Daneben noch unendlich viel Werkzeug, und überall hingen rote Hinweistafeln für satte Rabatte. Wer verfällt da nicht in einen Rausch? Für mich Fluch und Segen zugleich und der Beginn einer wunderschönen Kreativreise.

Jetzt darfst du raten, wer aus seinem Urlaub mit seinem ersten Cricut Plotter, dem Explore Air 2, und jeder Menge Tools und Folien zurückkam ...

Es verging kein Jahr ohne Urlaub in den Staaten und einem gut gefüllten Koffer mit lauter Neuheiten rund um mein Hobby und den Cricut Plotter. Bis vor wenigen Jahren gab es Cricut in Deutschland nämlich nicht zu kaufen. Ich habe regelmäßig die Kleinanzeigen im Internet durchgeschaut nach Cricut-Schnäppchen. Heutzutage kaum vorstellbar, oder?

Heute, 2023, bin ich überglücklich, meine Cricut-Produkte direkt hier in Deutschland beziehen zu können. Ich denke, das hat die Beziehung zwischen mir und meinen Plottern noch intensiviert. Ich bin froh, auf so viele Gleichgesinnte zu treffen und mich mit ihnen austauschen zu können.

Mein Cricut Explore Air 2 lebt mittlerweile nicht mehr bei mir. Seinen Platz haben der Cricut Joy und der Cricut Maker 3 würdevoll eingenommen.

Ich hoffe, dieses Feuer wird auch auf dich überspringen!

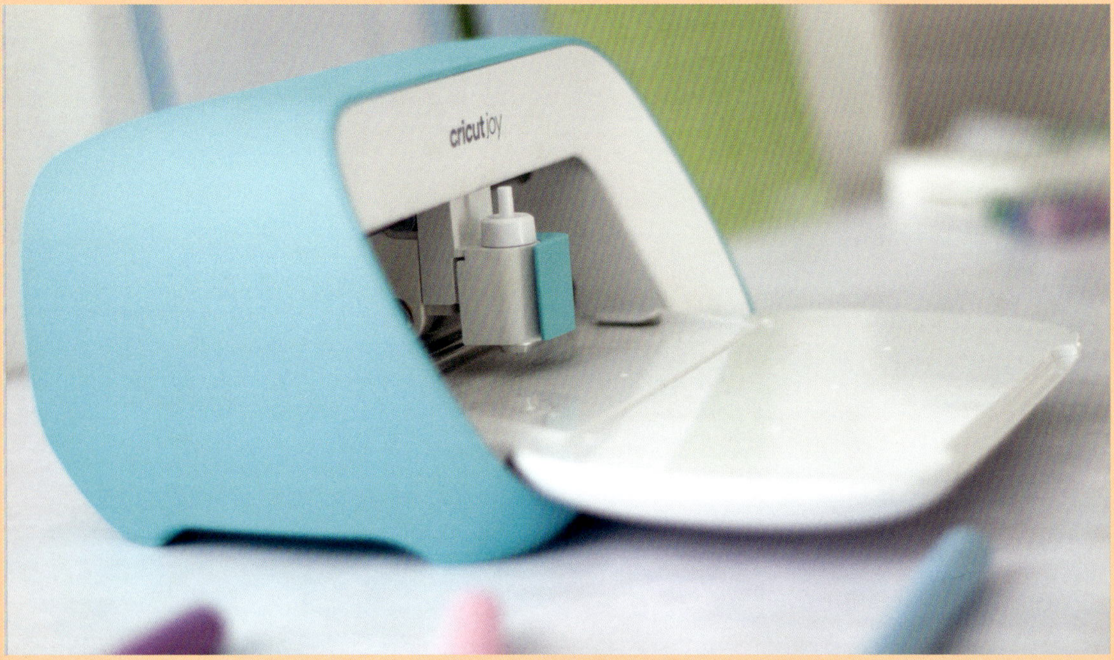
cricut joy

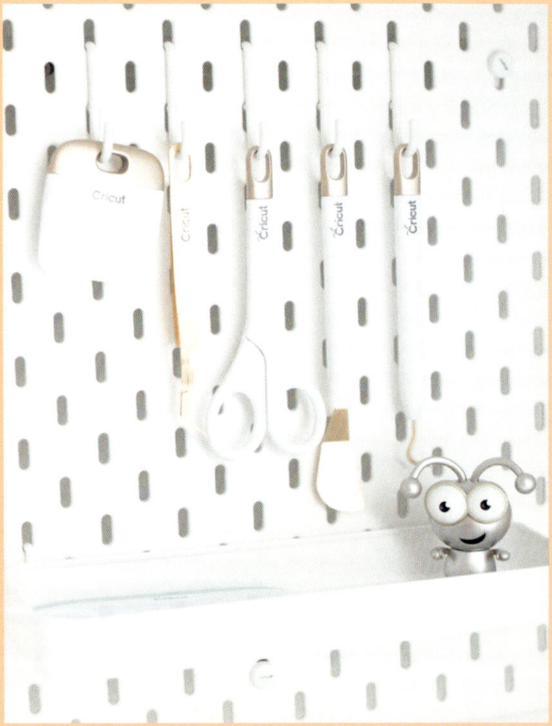
Cricut
Cricut
Cricut
Cricut
Cricut

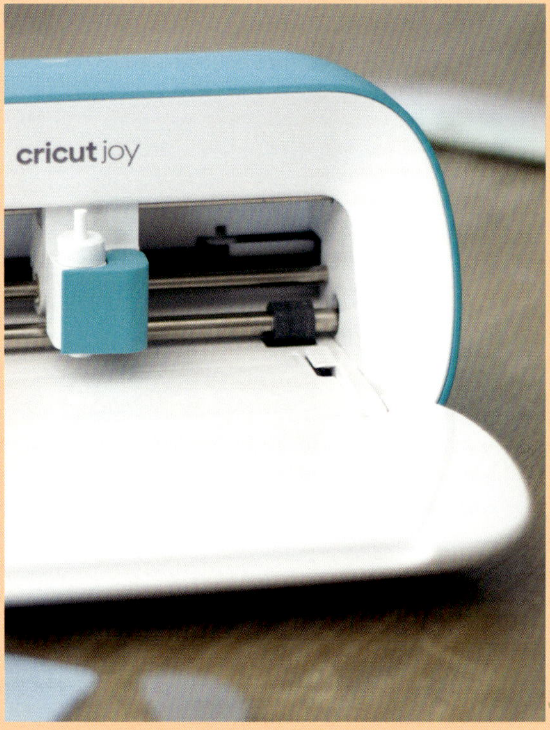
cricut joy

DER CRICUT SCHNEIDE-PLOTTER

WAS IST EIN PLOTTER?

Ein Schneideplotter ähnelt einem Drucker. Es werden digitale Vorlagen von dir vorbereitet, die anschließend an den Plotter gesendet und von ihm ausgeschnitten werden. Dazu wird das Material auf eine Schneidematte geklebt (bei Smart-Materialien geht das sogar ohne) und vom Plotter eingezogen. Anschließend fährt das Messer, welches vorher in den Plotter eingesetzt wurde, über das Material und verarbeitet deine digitale Vorlage.

Der Cricut Joy

Der Joy ist der Kleinste in der Familie der Cricut-Schneidemaschinen. Mit einer Größe von 21 x 13 x 11 cm (B x H x T) und einem Gewicht von 1,75 kg ist er auf das Wesentliche reduziert. Er ist für den „Schnell-mal-zwischendurch"-Gebrauch konzipiert. Der Joy kann ausschließlich über eine Bluetooth-Verbindung mit Handy, Tablet oder PC und der Cricut-Software bedient werden.

Mit Schneidematte kann der Joy bis zu einer Schneidbreite von 11,4 cm und einer Länge von bis zu 30,5 cm schneiden. Mit dem Smart Material kann er bis zu einer Schneidbreite von 12,6 cm und einer Länge von bis zu 6 m schneiden.

Der Joy verfügt über eine Halterung, sie ist sowohl für das Schneidemesser als auch für die Cricut-Joy-Stifte oder das Cricut-Joy-Folientransferwerkzeug geeignet.

Im Lieferumfang des Cricut Joy enthalten ist eine Schneidematte (Größe: 11,4 x 16,5 cm), ein Stift, ein ausschließlich für den Joy geeignetes Schneidemesser und Material für dein erstes Projekt.

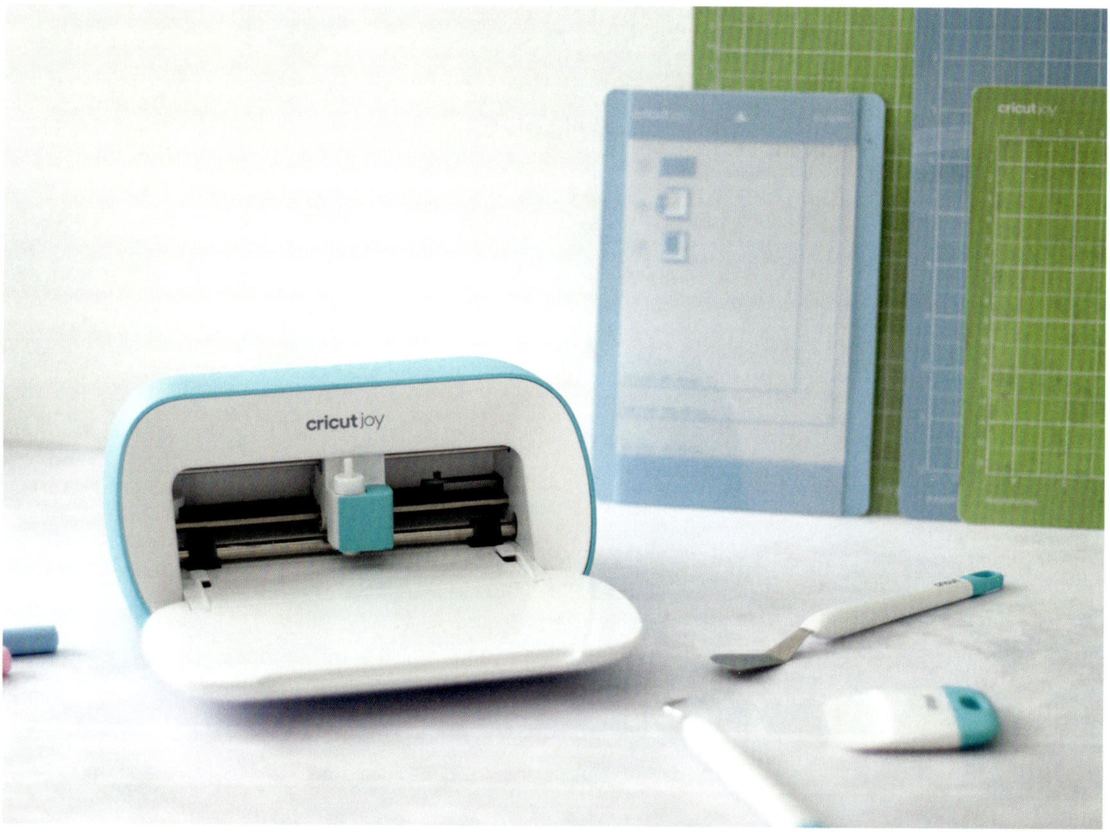

Zubehör

*Es gibt viele Tools, Folien und Stifte für den Cricut Joy. Deshalb stellt sich jede*r, der mit dem Plotten beginnen möchte, die Frage: „Was brauche ich zum Start überhaupt?"*

Bevor du dir Materalien besorgst, solltest du dir unbedingt überlegen, welche Projekte du genau mit deinem Joy planst.

Auf den folgenden Seiten stelle ich dir die einzelnen Produkte im Detail vor und erkläre dir, wozu sie geeignet sind. So kannst du dir einen Überblick darüber verschaffen, was dir den Start erleichtern würde.

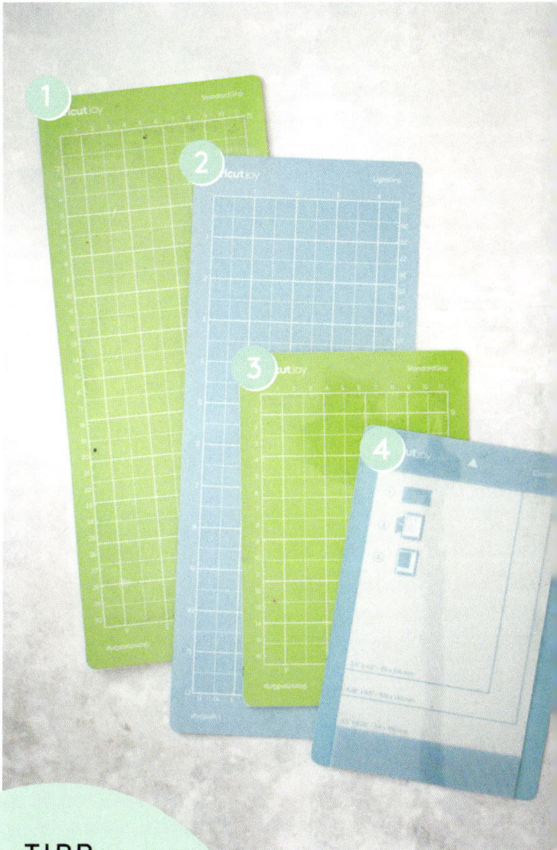

Die Schneidematten

Ohne sie geht's (fast) nicht! Auch wenn der Cricut Joy für Smart-Materialien keine Schneidematte mehr benötigt, werden Materialien wie Infusible-Ink-Sheets, Papier und vieles mehr noch immer auf einer Schneidematte platziert. Welche Schneidematte für welches Material geeignet ist, erfährst du hier:

1 3

STANDARD-GRIP-MATTE IN GRÜN:
Diese Schneidematte gibt es in den Größen 11,4 x 30,5 cm und 11,4 x 16,5 cm. Sie ist für strukturiertes Papier, Karton, Infusible-Ink-Sheets, Bügelfolien und Vinyl geeignet.

2

LIGHT-GRIP-MATTE IN BLAU:
Diese Schneidematte gibt es in der Größe 11,4 x 30,5 cm. Sie ist für Kopierpapier, dünnen Farbkarton, Pergament und Bastelpapier geeignet.

4

KARTENMATTE:
Diese Schneidematte gibt es in der Größe 11,4 x 15,5 cm. Sie ist für Klappkarten geeignet.

TIPP

Löse die Schneidematte immer vom Papier. Das heißt, drehe die Matte so, dass die Klebeseite mit dem Papier auf deiner Arbeitsfläche liegt, und löse so die gesamte Schneidematte vom Projekt.

Werkzeuge

Es gibt unterschiedliche und hilfreiche Werkzeuge, die dir das Arbeiten mit deinem Cricut Joy angenehmer machen. Sie sind separat erhältlich.

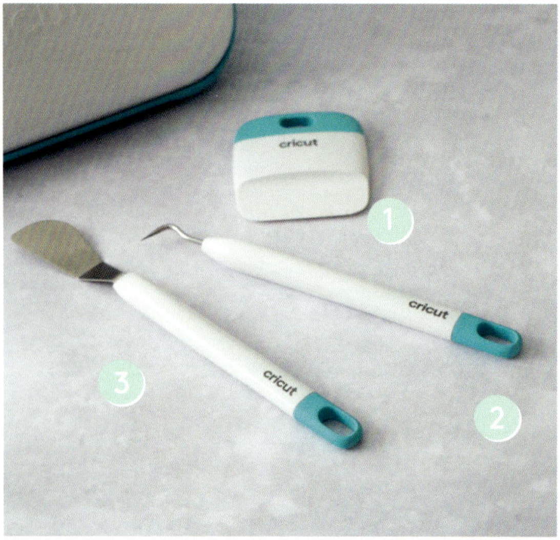

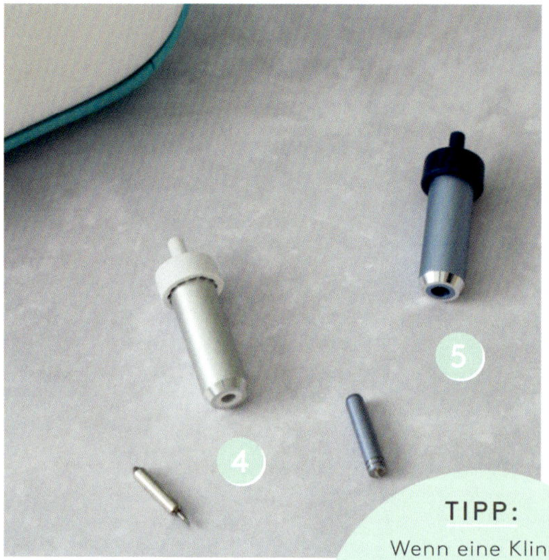

1

SCHABER:
Er ermöglicht dir eine sehr schnelle Reinigung der Schneidematten. Er löst in Sekundenschnelle das Material ab und trägt zur Lebensdauerverlängerung deiner Schneidematte bei.

2

KLASSISCHER HAKEN:
Er wird allgemein am häufigsten zum Entgittern von Folien verwendet.

3

SPACHTEL:
Mit dem Spachtel können geschnittene Designs problemlos von der Schneidematte angehoben werden. So lässt sich zum Beispiel Papier knitterfrei ablösen.

4

CRICUT-JOY-KLINGE:
Standardklinge für Materialien wie Vinyl, Papier und Pappe.

TIPP:
Wenn eine Klinge stumpf geworden ist, brauchst du nicht das ganze Gehäuse auszutauschen, du musst nur eine neue Cricut-Joy-Ersatzklinge besorgen.

5

FOLIENTRANSFER-WERKZEUG:
Es wird zur Veredelung von Papier und Pappe verwendet. Die Folieneffekte werden mit Druck auf das Material übertragen.

Stifte

Das Sortiment an Stiften für den Cricut Joy ist sehr vielfältig. Neben Stiften mit filigranen Spitzen, Finelinern ähnlich, gibt es Marker in den Stärken 0,3, 0,4, 0,8 und 1,0. Es gibt Gelstifte in unterschiedlichen Farben und auch glitzernd, Metallic-Marker, Infusible-Ink-Stifte und Aquarell- und Pinselstifte.

TIPP

Online gibt es auch Anbieter, die Adapter für unterschiedliche Stifte für die Verwendung mit dem Cricut Joy verkaufen.

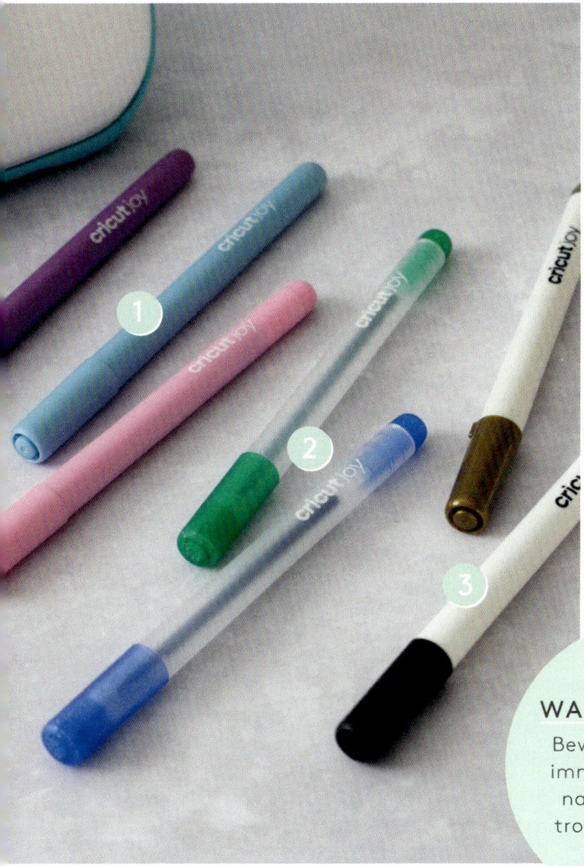

1 INFUSIBLE-INK-STIFTE:

Mit den Infusible-Ink-Stiften kannst du verschiedene Designs und Buchstaben per Hand oder mit deinem Joy auf Laserkopierpapier malen lassen und anschließend mit Hitze auf bestimmte Oberflächen pressen. Es gibt ihn in unterschiedlichen Farben und Stärken. Du erkennst die Stifte daran, dass diese komplett farbig sind.

2 GELSTIFTE & METALLIC-MARKER:

Diese Stifte sorgen für die extra Portion Glanz auf deinen Projekten. Sie eignen sich für glamouröse Effekte auf Einladungskarten und Gutscheinen.

3 FINE-POINT-STIFTE (FINELINER):

Diese Stifte gibt es in bis zu 30 unterschiedlichen Farben und in unterschiedlichen Stärken. Sie eignen sich besonders gut für filigrane Schriftzüge oder Zeichnungen. Du erkennst sie an der weißen Hülle und der farbigen Kappe.

AUFBEWAHRUNGSTIPP:

Bewahre deine Stifte immer mit der Spitze nach unten auf. So trocknen diese nicht so schnell aus.

Materialien

Mit dem Cricut Joy kannst du verschiedenste Materialien schneiden. Von feinstem Papier über Vinyl bis hin zu Pappe und Bügelfolie. Für so gut wie jedes Material findest du großartige Inspirationen und Projekte im Design Space.

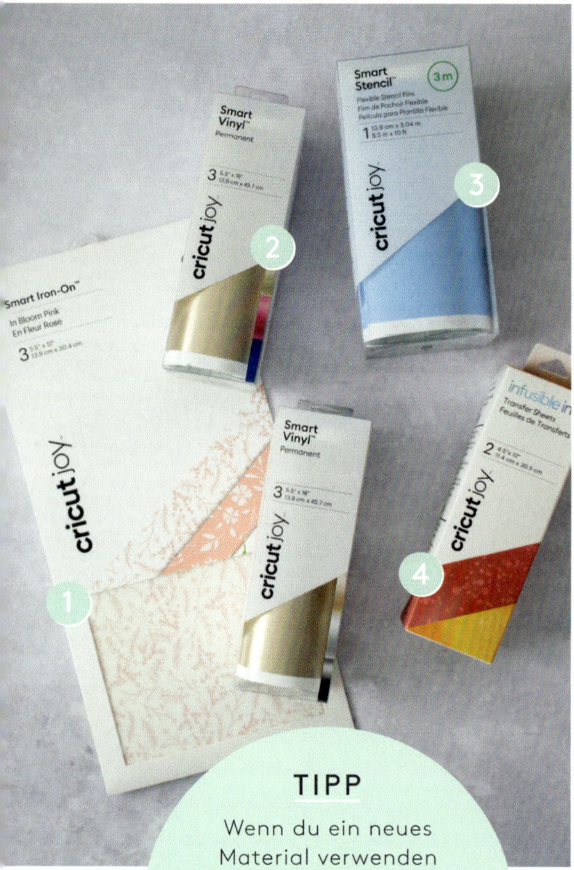

TIPP

Wenn du ein neues Material verwenden möchtest, teste zuvor mit einem kleinen Probeschnitt, welche Einstellungen du verwenden musst, um das gewünschte Ergebnis zu erhalten.

1 IRON ON:

Es gibt viele unterschiedliche Arten von Bügelfolien. Sie werden auf verschiedene Untergründe, zum Beispiel Stoff, aufgebügelt und haften anschließend am Material. Anders als eine Vinylfolie sind Bügelfolien bereits mit einer glänzenden Übertragungsfolie ausgerüstet, diese Seite wird auf die Schneidematte geklebt. So wird die überschüssige Bügelfolie von deinem Design getrennt, die Übertragungsfolie jedoch nicht durchgeschnitten.
Bügelfolien können mit einer Hitzetransferpresse oder einem Bügeleisen auf das Material aufgebracht werden. Für den Joy gibt es Iron On als Sheets oder Rolle, teils auch als Smart-Material.

2 VINYL:

Selbstklebendes Vinyl wird unterschieden für die Innen- oder Außenanwendung und zwischen ablösbar und permanent. Außerdem gibt es strukturiertes, glitzerndes, holografisches, mattes und beschreibbares Vinyl zu kaufen.
Vinylfolie wird in der Regel immer mit der farbigen Seite auf die Schneidematte aufgeklebt, sodass die anhaftende Trägerfolie nicht durchgeschnitten wird.

3 SMART STENCIL:

Mit dieser wiederablösbaren Folie kannst du Motive für den Schablonendruck nutzen.

4 INFUSIBLE-INK-SHEETS:

Anders als andere Bügelfolien verbinden sich hier die Farben der Cricut Infusible-Ink-Sheets während des Aufbügelns mit dem Material. Da es sich um einen sogenannten Sublimationsdruck handelt, müssen bestimmte Kriterien erfüllt sein: Der Untergrund sollte hell sein und mindestens zu 65 % aus Polyester bestehen. Je höher der Polyesteranteil, desto besser das Ergebnis.

TIPP

Welche Materialien der Cricut Joy alles schneiden kann, findest du unter: bit.ly/cricutjoy-materialien.

Papier

Auch wenn es eigentlich relativ unspektakulär ist, Papier mit dem Plotter zu schneiden, gibt es einige richtig schöne Projekte, die man damit umsetzen kann. Der Cricut Joy kann unterschiedliche Stärken von Papier und Pappe schneiden und folieren. Mit der Kartenmatte lassen sich in kurzer Zeit sehr effektvolle mehrfarbige Cut-Out-Grußkarten erstellen.

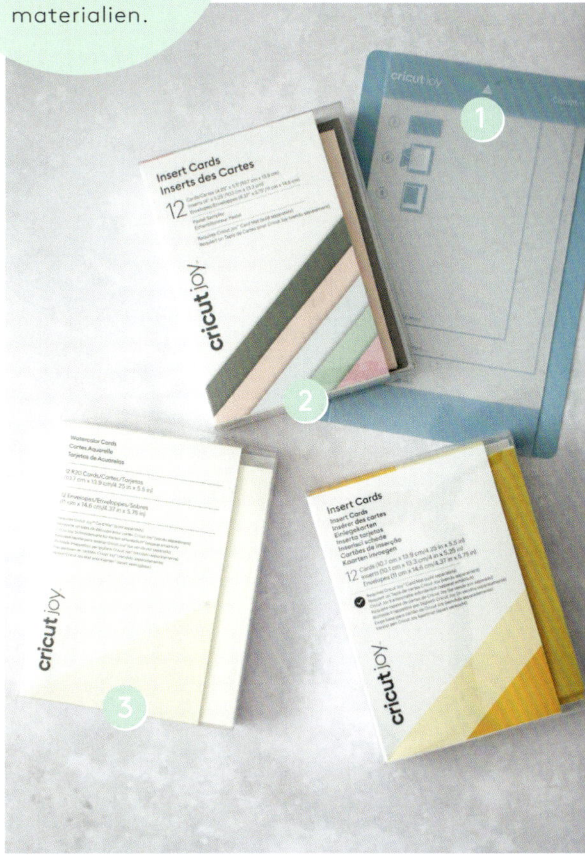

1 **KARTENMATTE:**

Wunderbares Hilfsmittel zum Erstellen von gemalten, geschnittenen oder folierten Grußklappkarten. Die gefaltete Karte wird unter die schnittfeste Folie geschoben, so passiert der Kartenrückseite während der Verarbeitung nichts.

2 **EINLEGEKARTEN:**

Diese vorgefalzten Karten gibt es in vielen tollen Farbstellungen von "Neutrale Farben" bis "Glitzer- und Glamour". Umschläge sind immer dabei.

3 **AQUARELLKARTEN:**

Kaltgepresstes Aquarellpapier ist ideal für all deine individuellen Aquarell-Grußkarten. Das dicke Papier mit 300 g/m² wölbt und verzieht sich kaum, wenn Wasser bzw. Wasserfarben aufgetragen werden. Umschläge sind dabei, damit du deine Karten sofort versenden kannst.

Textilpressen: Die Cricut Easy Press 2

Die Easy Press 2 ist eine Textilpresse. Auf ihrem Display lassen sich die exakte Temperatur und die exakte Zeit zum Pressen einstellen. Im Gegensatz zu einem Bügeleisen wird hier die Wärme einheitlich auf der gesamten Fläche verteilt. Wenn du viel mit Bügelfolien arbeiten möchtest, wäre es eine Überlegung wert, dir eine Textilpresse anzuschaffen.

Es gibt sie in unterschiedlichen Ausführungen. Die Easy Press mini eignet sich für kleine Motive, z. B. Etiketten oder kleine Logos auf Mützen. Die Easy Press 12 x 10 ist 30,5 x 25,4 cm groß und eignet sich für vollflächige und große Motive z. B. auf Kissen oder Pullovern.

Passend zu den einzelnen Pressen gibt es hitzebeständige Unterlagen. Diese Wärmetransfermatten gleichen Unebenheiten aus und helfen dabei, die Wärme der Easy Press überall zu verteilen. Darüber hinaus schützen sie deine Arbeitsfläche vor der Hitze der Presse.

Um immer die beste Temperatur für dein Projekt zu finden, bietet Cricut dir online einen Hitze-Guide an unter www.cricut.com/de_de/heatguide. Anhand der entsprechenden Auswahlmöglichkeiten berechnet dir dieser Guide die perfekte Temperatur sowie Zeit für dein Projekt.

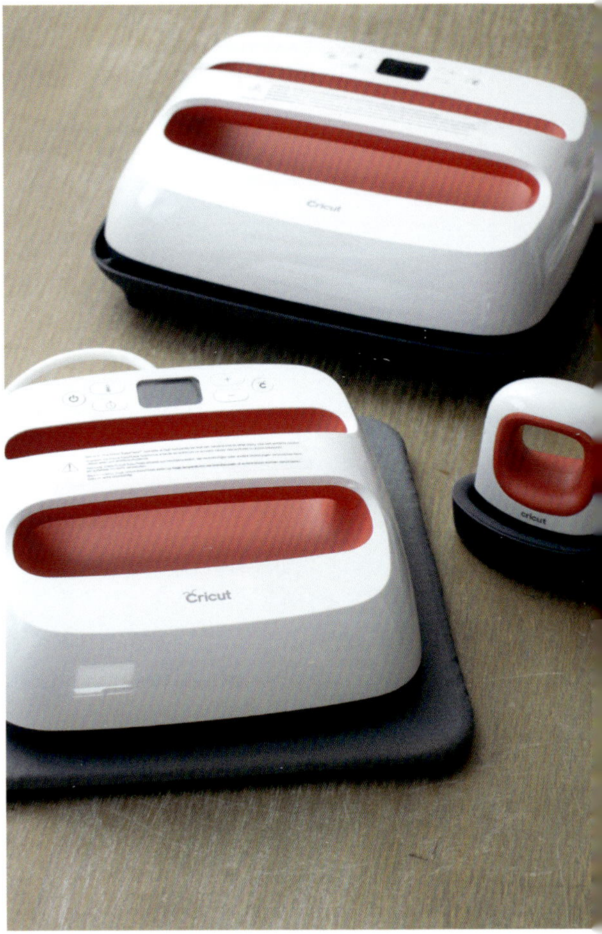

Tassenpresse: Die Mug Press

Seit 2021 gibt es eine neue Heizpresse in der Cricut-Familie. Die Mug Press wurde speziell für den Sublimationsdruck – dabei wird die Frabe in den Träger eingedampft – von Tassen mit Infusible-Ink-Sheets und Infusible-Ink-Stiften entwickelt. Für Sublimationstassen mit einem Fassungsvermögen von 340 ml bis 425 ml. Im Design Space, der Kreativ-Software von Cricut (mehr Infos dazu auf Seite 16) gibt es Blankovorlagen zum Gestalten individueller Tassen.

Die Anwendung der Mug Press ist denkbar einfach. Oben auf der Mug Press befinden sich der Ein-/Ausschaltknopf und eine kleine Lichtleiste mit 5 Punkten, diese zeigen dir den Heizfortschritt deiner Tasse während der Übertragung. Der Hebel rechts auf dem Gerät startet den Pressvorgang beim Herunterdrücken und beendet ihn beim Öffnen des Hebels.

Auf Seite 24 findest du eine kreative Anleitung für dein nächstes Projekt mit der Mug Press.

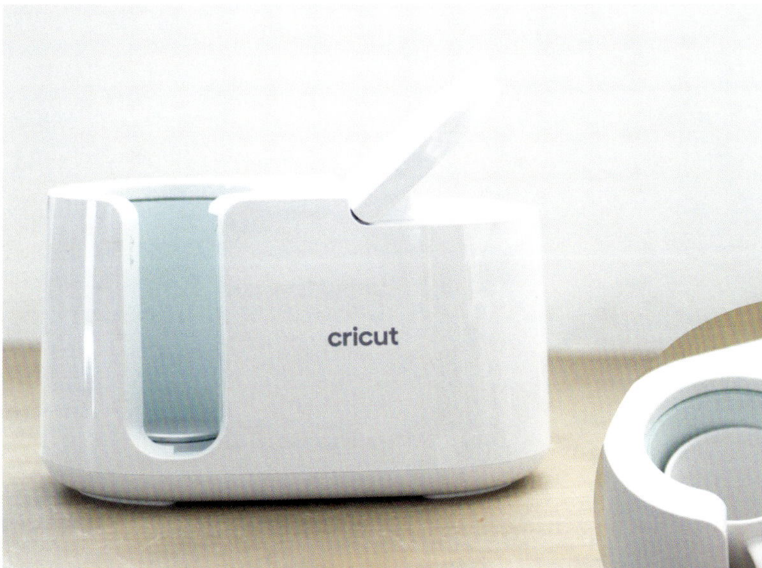

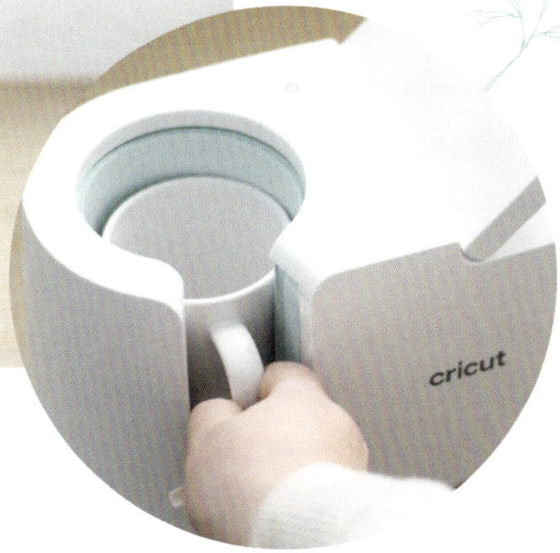

Der Design Space

Um überhaupt mit deinem Cricut Maker arbeiten zu können, benötigst du die Software Cricut Design Space. Die Software gibt es als Desktop-Version für deinen Computer und als App für dein Smartphone oder Tablet.

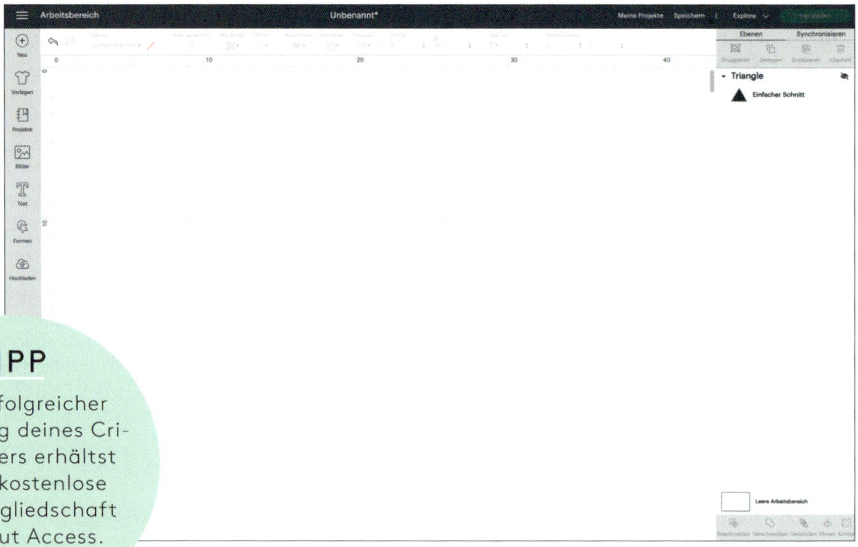

TIPP

Nach erfolgreicher Einrichtung deines Cricut Plotters erhältst du eine kostenlose Probemitgliedschaft bei Cricut Access.

Zunächst musst du dich kostenlos im Design Space registrieren und dir eine Cricut-ID erstellen.

Scanne diesen QR-Code und gelange direkt auf die Cricut-Webseite, um die Software herunterzuladen.

https://design.cricut.com

Nach dem Erstellen deiner ID kannst du deinen Cricut Joy in wenigen Schritten einrichten. Das Programm leitet dich durch den Set-up-Prozess.

Cricut Access ist ein Abonnement für circa 10 Euro im Monat (monatlich kündbar). Mit diesem Abonnement erhältst du Zugriff auf die Cricut-Designbibliothek mit über 100.000 Designs und jeder Menge schöner Schriftarten. Des Weiteren warten viele tolle Projekte mit fertigen Plotter-Vorlagen auf dich.

Im Design Space findest du neben der Designbibliothek auch eine Bilddatenbank. Dort gibt es jede Woche unterschiedliche kostenfreie Bilder, die du in deinen Projekten verwenden kannst. Regelmäßiges Vorbeischauen lohnt sich auf jeden Fall.

Welche Dateiformate können im Design Space verwendet werden?
Du kannst Raster- und Vektorgrafik-Vorlagen in den Dateiformaten .jpg, .gif, .png, .bmp, .svg, oder .dxf in den Design Space laden. Rastergrafiken bestehen aus Pixeln und können sehr schnell unscharf werden. Je näher du heranzoomst, desto unscharfer werden die Bildpunkte. Bei Vektorgrafiken gibt es keine Pixel. Sie bestehen aus Linien, die mit Koordinaten festgelegt sind. Die Qualität bleibt immer dieselbe.

Ich habe dir 3 Videos vorbereitet, die dir die wichtigsten Aspekte des Design Space erklären. Du findest die Videos unter:

www.emf-verlag.de/plotter-cricut-joy

Datei hochladen
In diesem Video lernst du, wie du Dateien in den Design Space hochlädst.

Der Arbeitsbereich
In diesem Video wird jede Funktion, die der Arbeitsbereich des Design Space dir bietet, erklärt. Gemeinsam fügen wir eine Beispielform ein und bearbeiten sie, damit du dich anschließend besser im Design Space zurechtfindest.

Offset
Die Offset-Funktion legt eine Kontur um deine Datei. In wenigen Schritten kannst du so personalisierte Sticker herstellen, ich zeige dir im Video, wie das geht.

Tipps und Tricks rund um deinen Cricut Plotter

Organisation deiner Schneidematten:

Mit einfachen selbstklebenden Gardinenhaken kannst du deine Schneidematten hängend an der Wand oder seitlich an deinen Schränken platzsparend verstauen.

Organisation deiner Folien:

1. Im schwedischen Möbelhaus gibt es einen Tüten-/Rollenspender, der in der Plotter-Community gern als Wandhalterung für die Vinylrollen verwendet wird. Es passen insgesamt 14 Rollen in den Halter.

2. Um das Abrollen der Folie zu verhindern, kannst du Schnapparmbänder verwenden. Diese gibt's auch in Weiß zum Bemalen oder zum Beschriften zu kaufen.

Messer schärfen:

1. Forme dir aus einem Stück Alufolie einen kleinen Ball und stich ein paarmal mit der Messerspitze in diesen Ball. So schärfst du die Klinge deines Messers wieder.

2. Um die Lebensdauer der Klingen zu verlängern, wird empfohlen, ein Messer nur für Papier und eins nur für Vinyl zu verwenden.

Material von der Schneidematte lösen:

Löse, wann immer es möglich ist, deine Schneidematte vom Material. Drehe dafür die Matte mit dem Material nach unten und entferne vorsichtig die Schneidematte. Dies hat den Vorteil, dass sich dein Material beim Abziehen nicht verformt.

Smarte Möglichkeiten beim Entgittern & Übertragen deiner Projekte:

1. Wohin mit all den kleinen entgitterten Vinylresten? Es gibt einen Saugnapftopf, in dem du all deine Reste sammeln kannst. Zu finden ist dieser online unter dem Suchbegriff: Sammelwerkzeug, Schrottsammler für den Plotter.

2. Umwickle einen deiner Handrücken mit schmalem Malerkrepp und klebe alle deine Reste daran fest. Anschließend kann das Malerkrepp mit all den entgitterten Resten einfach entsorgt werden.

3. Du kannst deine Reste vom Entgittern auch einfach an eine Fusselrolle kleben.

4. Dunkle Vinylfolien sind oftmals schwer zu entgittern. Du kannst eine kleine Menge Babypuder drauf verstreuen und dies mit der Handfläche oder einem Pinsel verstreichen. Schon werden die Schnittlinien sichtbar.

5. Wenn sich dein Vinyl nicht vom Transfer Tape übertragen lässt, kann einem das den letzten Nerv rauben. Zum Ablösen hilft es meist, das Projekt umzudrehen, sodass die Trägerfolie oben liegt, und die Trägerfolie ganz flach abzuziehen. Es löst sich immer noch nicht? Dann versuche es mit einem Föhn. Durch die Wärme löst sich der Kleber besser.

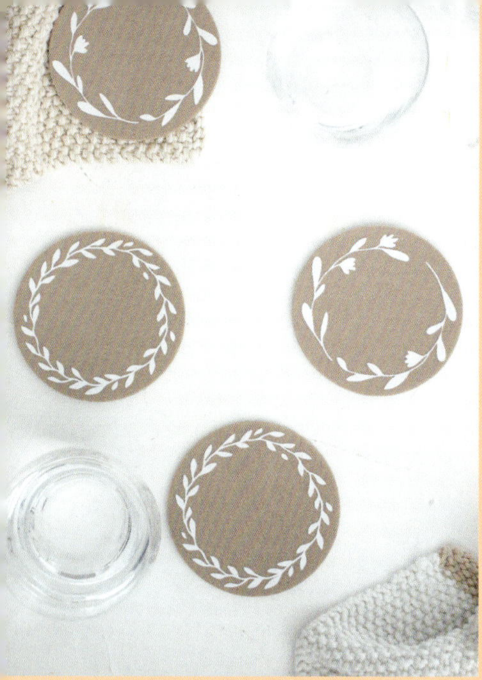

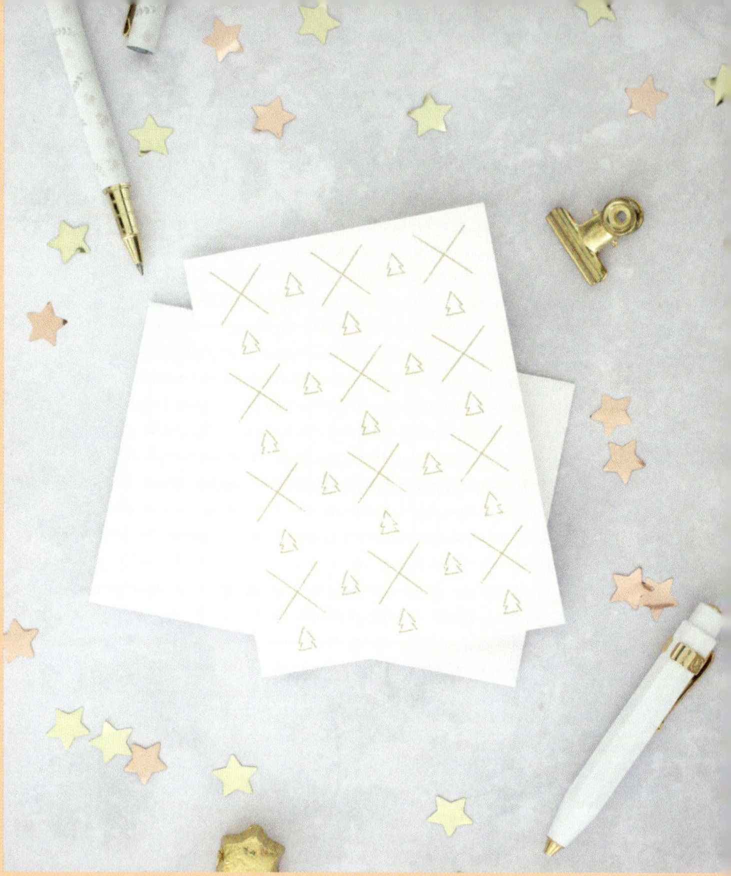

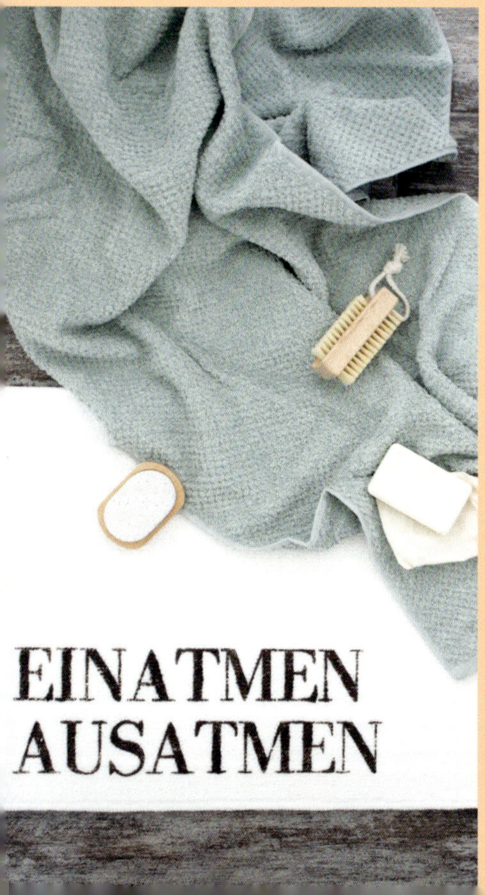
EINATMEN
AUSATMEN

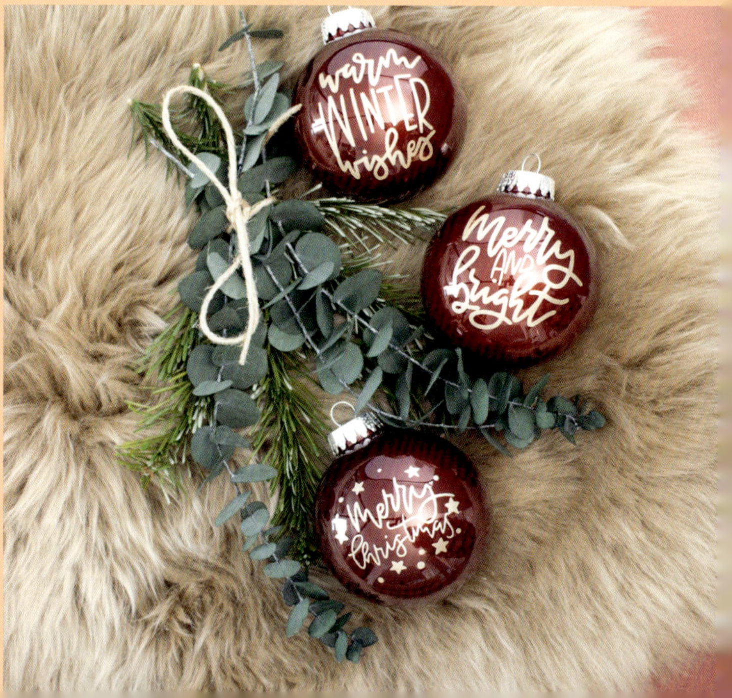
warm WINTER wishes
merry AND bright
merry christmas

PROJEKTE

Die digitalen Vorlagen für die Projekte aus dem Buch findest du unter

https://www.emf-verlag.de/plotter-cricut-joy

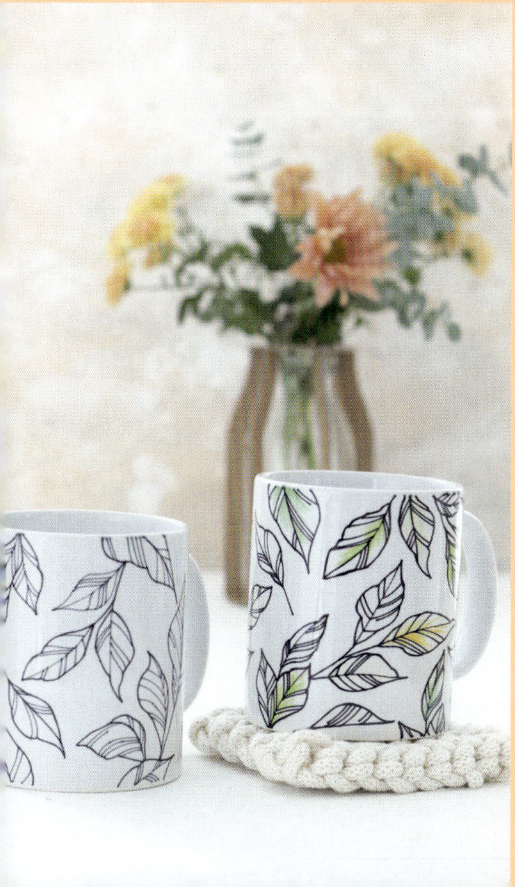

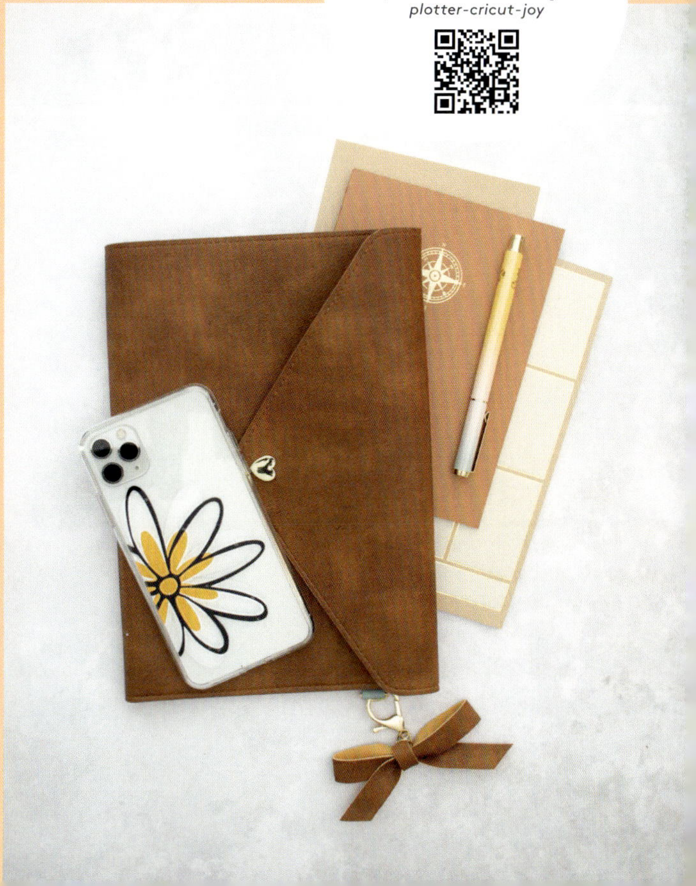

AUFWAND:

●○○

SCHNITT:

5 Minuten

ARBEITSZEIT:

30 Minuten

SCHNEIDEMATTE:

Standard Grip in Grün

SCHNITTEINSTELLUNG:

Flockfolie

MATERIAL:

Easy Press

Wärmetransfermatte

Cricut-Joy-Klinge

Flockfolie

Schwammtücher aus Baumwollgemisch, 17 x 20 cm

Backpapier

Schwamm drüber

Mit diesen hübschen Spültüchern macht der Abwasch sogar richtig Spaß! Mit Flockfolie kannst du ganz leicht trendige und motivierende Sprüche auf deine Schwammtücher bringen.

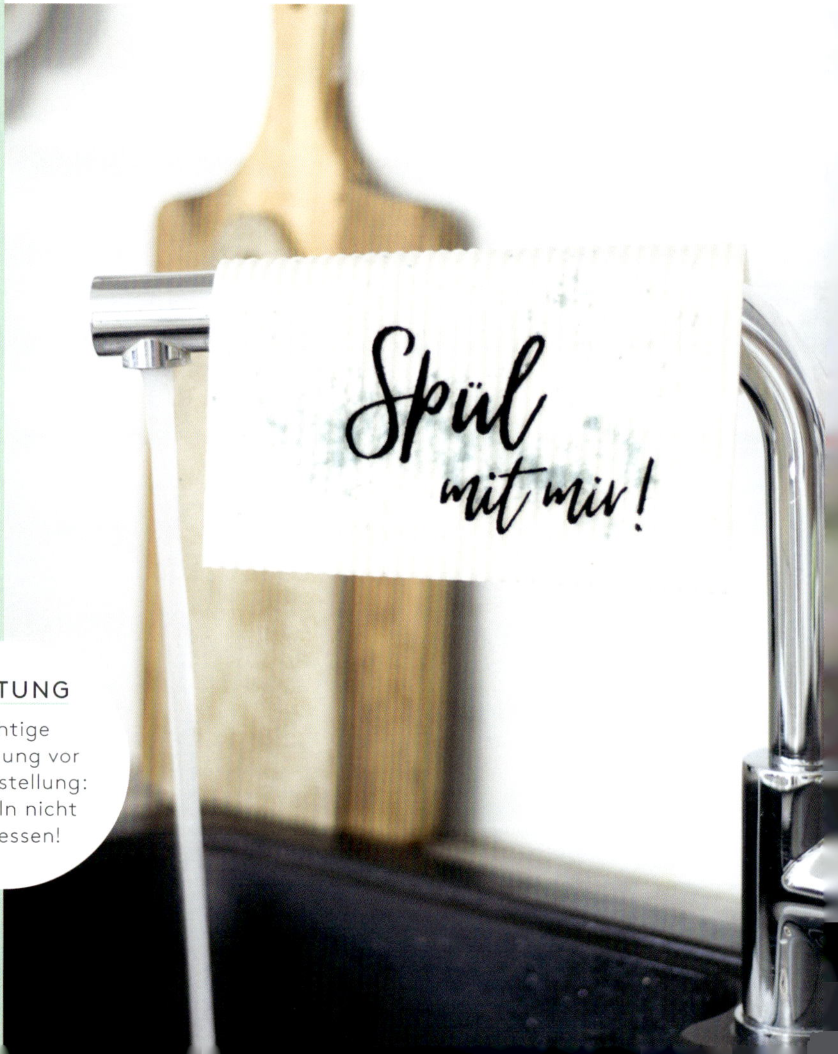

ACHTUNG

Wichtige Einstellung vor der Herstellung: Spiegeln nicht vergessen!

So geht's

1. Lade die Projektdateien, die du gern plotten möchtest, in den Design Space hoch.
2. Anschließend kannst du die Dateien mit deinem Cricut Joy ausschneiden und entgittern.
3. Heize deine Easy Press auf 150 Grad auf und stelle den Timer auf 20 Sekunden.
4. Lege das Schwammtuch auf deine Wärmetransfermatte und presse das Schwammtuch für 5 Sekunden vor.

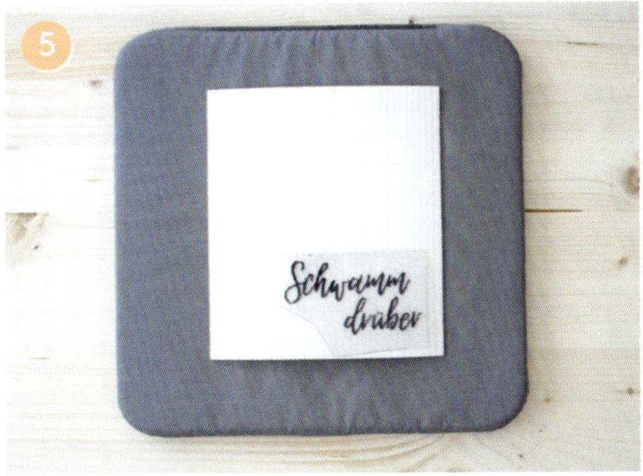

Jetzt platzierst du das Motiv an gewünschter Stelle auf dem Schwammtuch.

TIPP

Presse das Motiv noch einmal kurz nach. Dazu einfach ein Backpapier drüberlegen und 5 Sekunden auf gleicher Temperatur nachpressen.

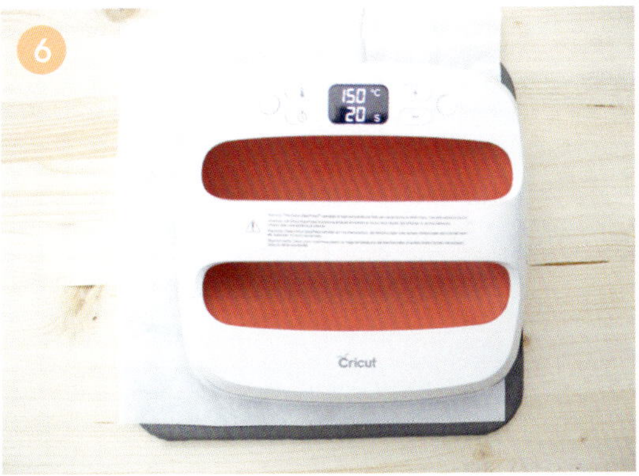

Achte darauf, dass das Motiv nicht verrutscht, und lege das Backpapier darüber. Presse das Schwammtuch für 20 Sekunden.

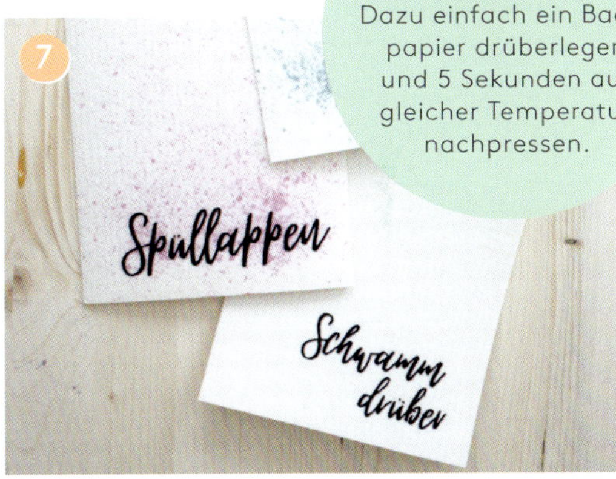

Alles abkühlen lassen. Die Folie kannst du dann vorsichtig abziehen.

Bring Farbe ins Spiel! Mit verdünnter Stoffmalfarbe und einem Pinsel kannst du Tropfen auf deinen Spültüchern verteilen. Beachte die Angaben des Herstellers, die meisten Stoffmalfarben müssen zum Fixieren gebügelt werden.

AUFWAND:

●●○

SCHNITT:

15 Minuten

ARBEITSZEIT:

30 Minuten

SCHNEIDEMATTE:

Standard Grip
in Grün (11,4 x 30,5 cm)

SCHNITTEINSTELLUNG:

Druckerpapier

MATERIAL:

Cricut Mug Press

Wärmetransfermatte

Cricut-Joy-Klinge

Infusible-Ink-Stift in Schwarz (Strichstärke 0,4)

Tasse für Sublimationsdruck

Laserdruckerpapier

Hitzebeständiges Klebeband

Backpapier

Individuelle Tassen

Langweilige weiße Tassen waren gestern! Egal ob für dich, für deine beste Freundin oder für deine Familie – gestalte schnell und einfach personalisierte Tassen für all deine Liebsten.

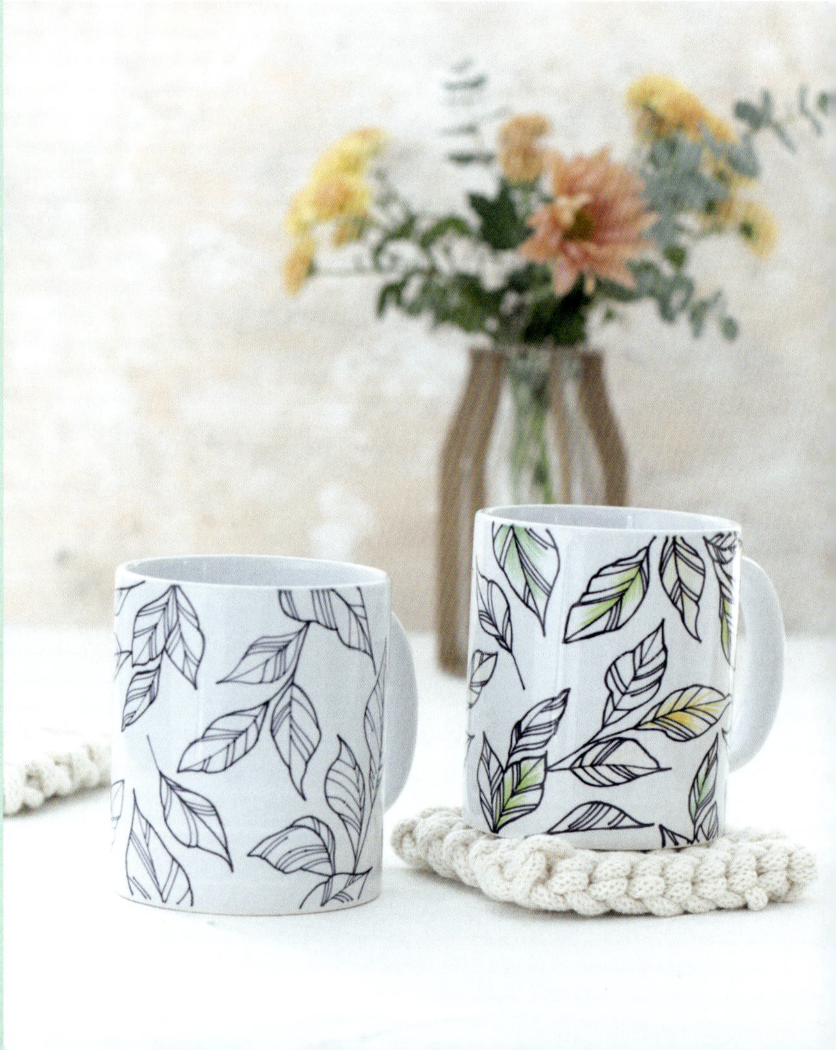

So geht's

WICHTIG

Datei umstellen auf Zeichnen und danach den richtigen Stift auswählen.

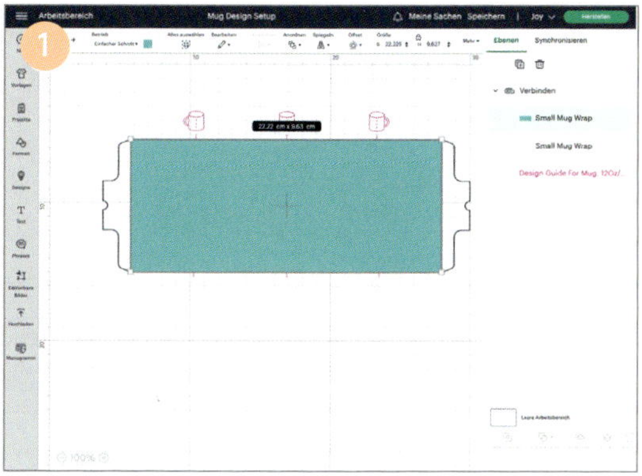

Lade die Blankovorlage „Mug Design Setup" in Größe deiner Tasse aus dem Design Space in deinen Arbeitsbereich. Dann die Vorlage der Tassenplatzierung (pink) und die türkise Lage aus dem Arbeitsbereich löschen oder unsichtbar machen, sodass du nur noch die Ummantelung für die Tasse im Arbeitsbereich liegen hast.

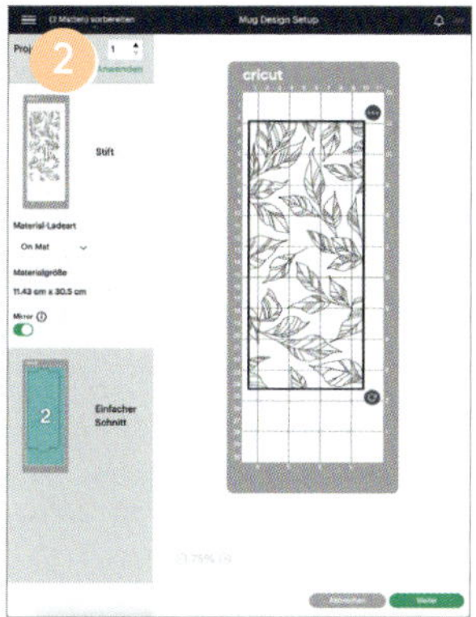

Füge die Projektdatei in den Arbeitsbereich ein und passe sie der Ummantelung an. Beide Teile werden im Anschluss miteinander verbunden, damit der Joy diese erst zeichnen und dann schneiden kann.

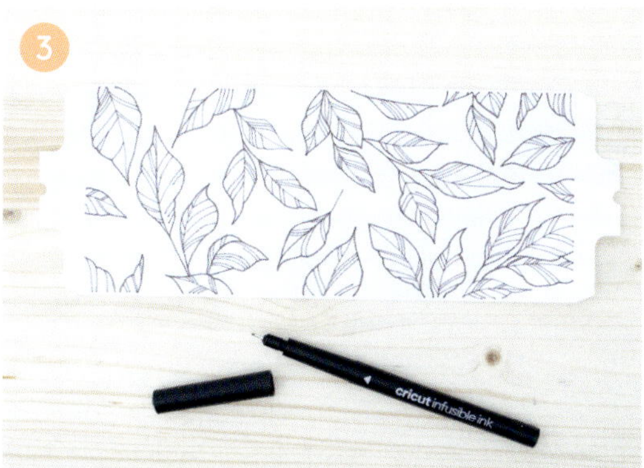

Wenn du magst, kannst du dann mit dem Infusible-Ink-Stift die Outlines der Blätter nachfahren. So heben sich die Blätter nochmal schöner ab.

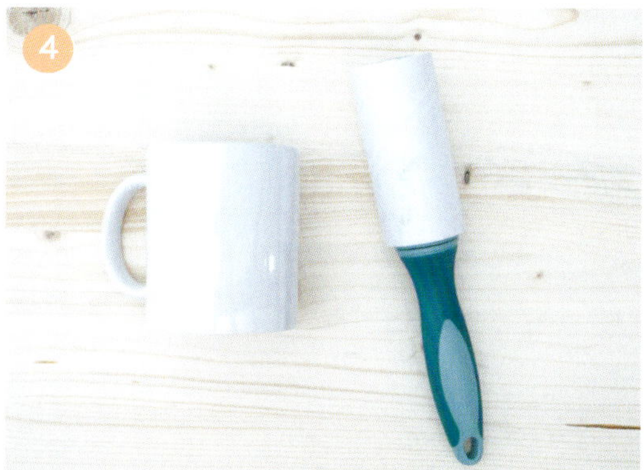

Bereite die Tasse vor, indem du sie mit einer Fusselrolle von Staub befreist.

Und so geht's weiter

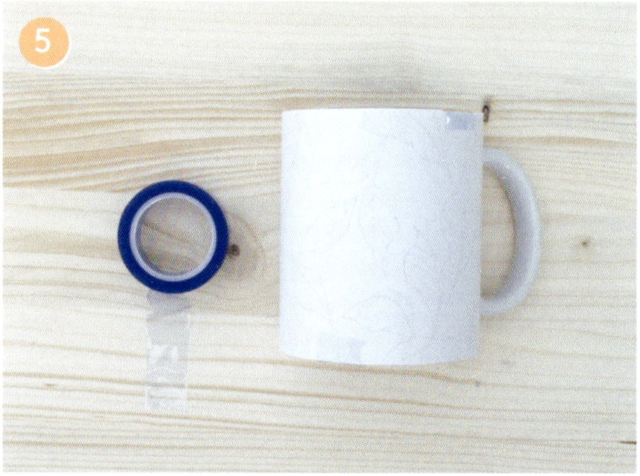

Jetzt das Projektdesign um die Tasse wickeln und unter dem Henkel mit hitzebeständigem Klebeband fixieren. Oben und unten kannst du je einen kleinen Streifen Klebeband platzieren, achte darauf, nicht die bemalten Stellen zu überkleben.

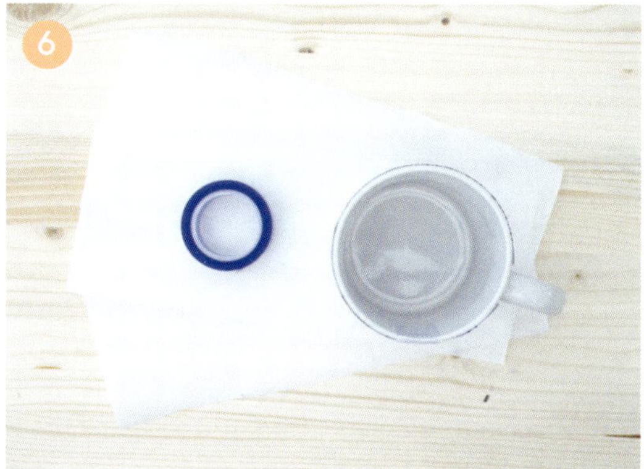

Schneide dir jetzt drei Vierecke Backpapier auf Größe deiner Tasse zu und fixiere auch diese unter dem Henkel mit hitzebeständigem Klebeband. Das Backpapier schützt deine Presse vor der Infusible-Ink-Farbe.

TIPP

Schriftzüge, die du mit den Infusible-Ink-Sheets erstellst, müssen vor dem Schneiden gespiegelt werden!

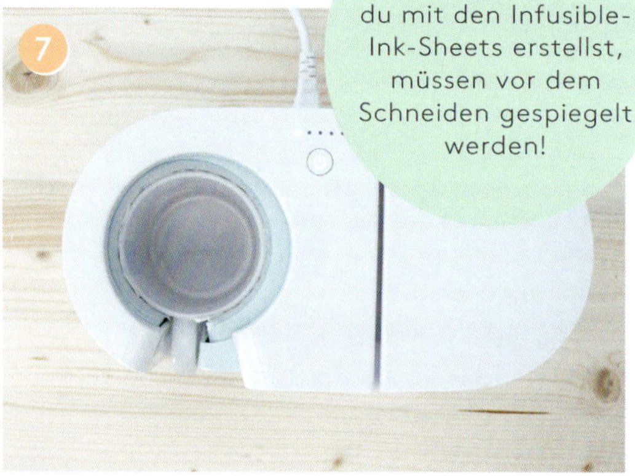

Heize die Mug Press vor, stelle die Tasse vorsichtig hinein und drücke den Henkel herunter. Der Transfer beginnt.

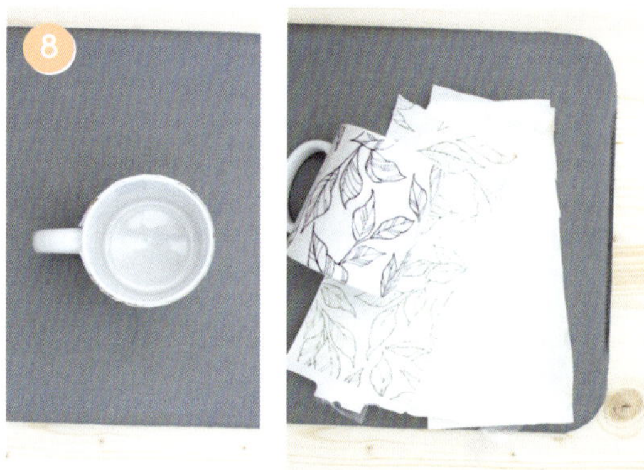

Nach dem Transfer die Tasse vorsichtig am Henkel herausnehmen und zum Abkühlen auf die Wärmetransfermatte stellen. Mindestens 10 Minuten auskühlen lassen. Nachdem die Tasse abgekühlt ist, das Backpapier und das Druckerpapier entfernen.

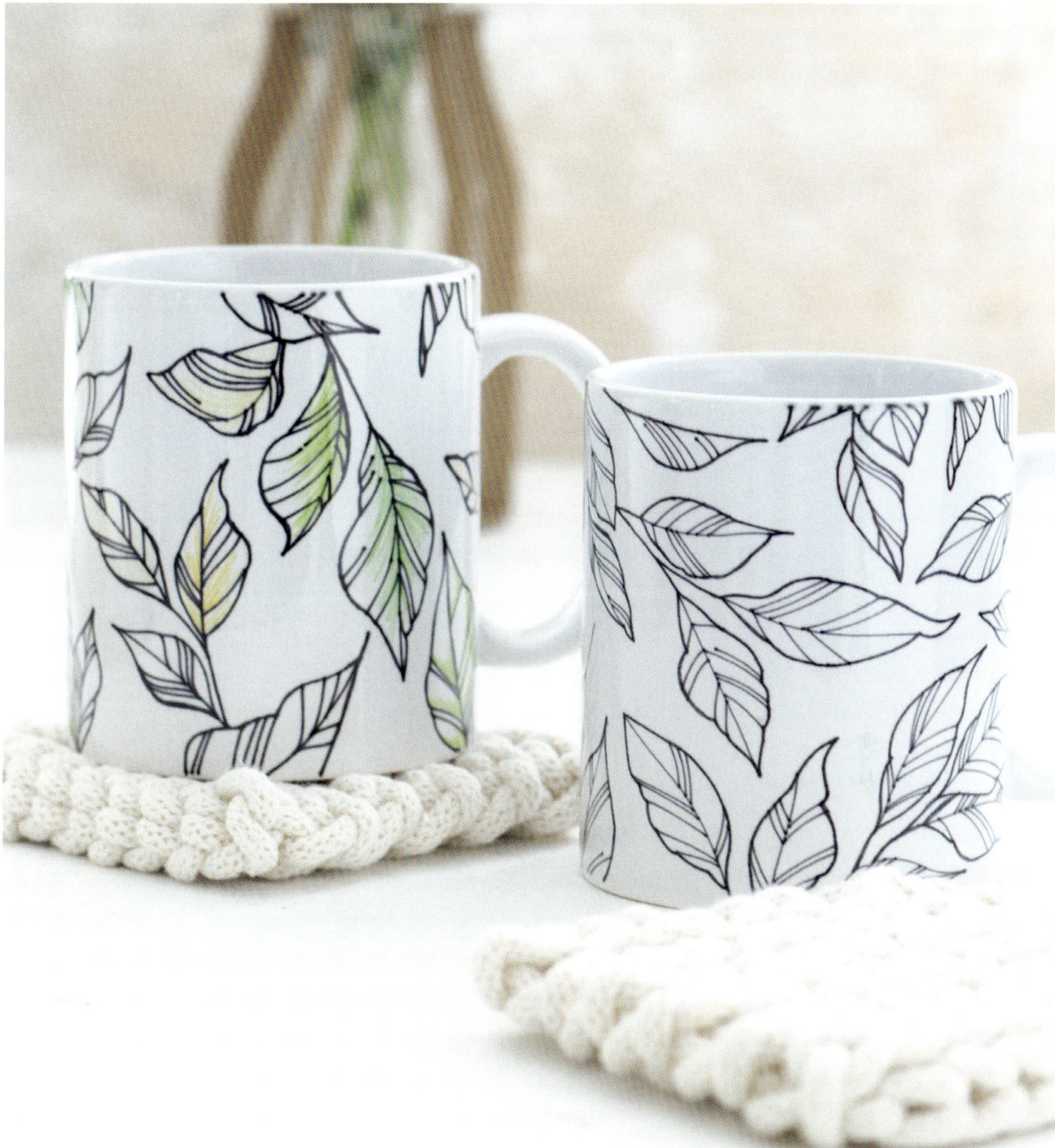

Schlüssel-anhänger

Diese funkelnden Schlüsselanhänger bringen alle Augen zum Strahlen. Sie sind supereinfach hergestellt, und man möchte mit der Produktion gar nicht mehr aufhören.

AUFWAND:

●●●

SCHNITT:

circa 5 Minuten

ARBEITSZEIT:

1 Stunde

SCHNEIDEMATTE:

Standard Grip in Grün

SCHNITTEINSTELLUNG:

Vinyl – permanent

MATERIAL:

UV-Lampe

Schaber

Schmuckzange

Leerer Joghurtbecher oder Ähnliches

Cricut-Joy-Klinge

Vinyl – permanent

Transfer Tape

Acrylanhänger, farblos Ø 5 cm

UV-Resin/ Epoxidharz

Glitzerstreu

Alte Zeitung

Holzspieß

Schlüsselring

Einweghandschuhe und Atemschutz

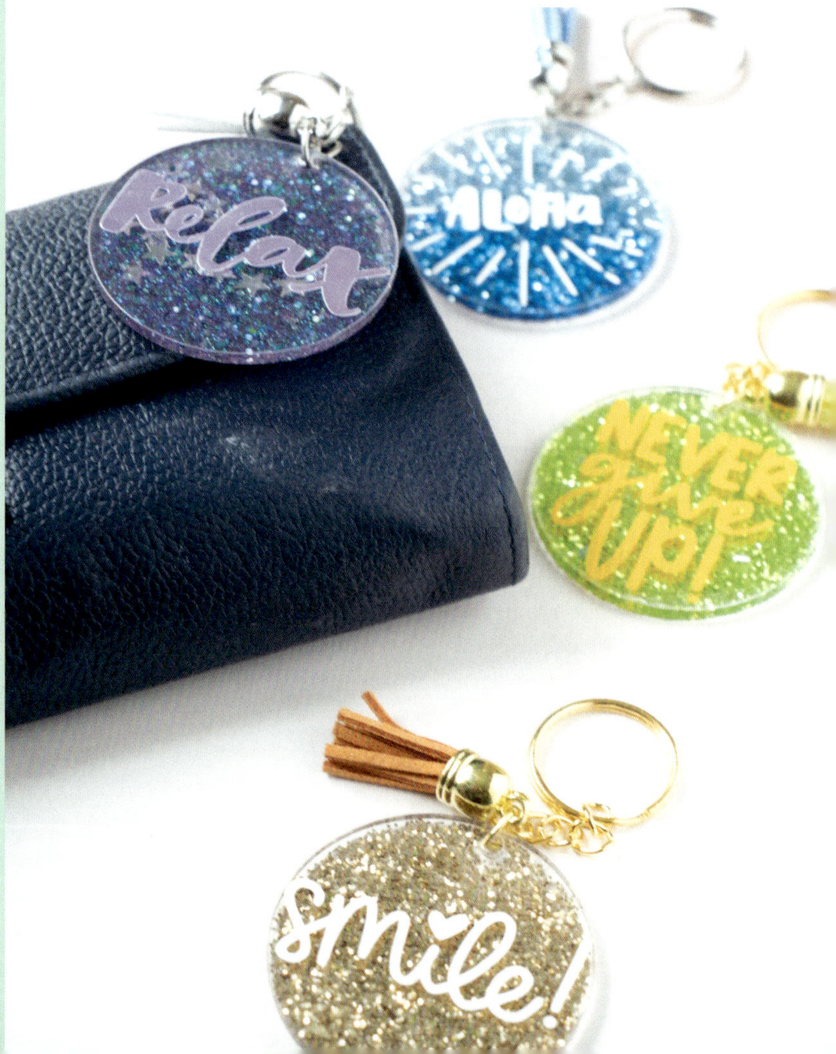

So geht's

ACHTUNG

Schutzfolie von der Oberseite deines Anhängers entfernen.

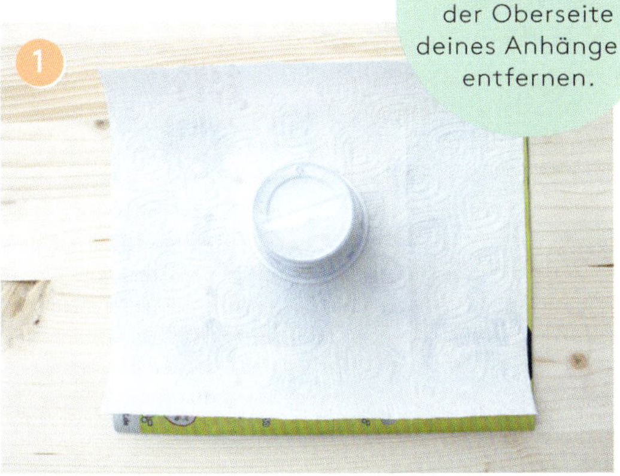

1

Lege deine Arbeitsfläche mit Altpapier oder Küchenrolle aus und platziere darauf den Jogurtbecher mit der Öffnung nach unten. Darauf legst du deinen Acrylanhänger.

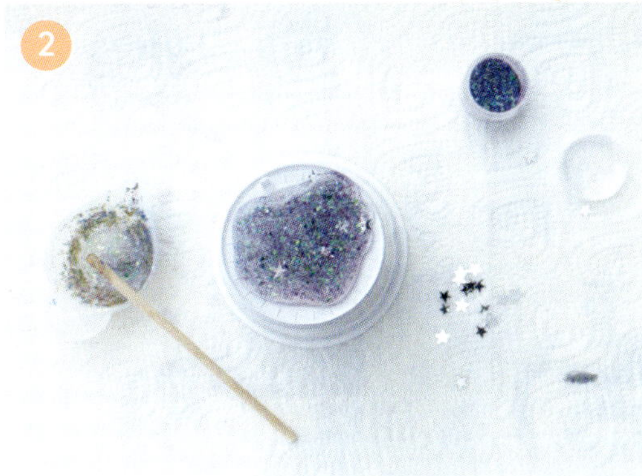

2

Rühre dir jetzt eine haselnussgroße Portion UV-Resin/ Epoxidharz mit einer Messerspitze Glitzerstreu an und verteile diese auf dem Acrylanhänger. Mithilfe des Holzspießes verteilst du die Masse gleichmäßig auf der gesamten Fläche des Anhängers.

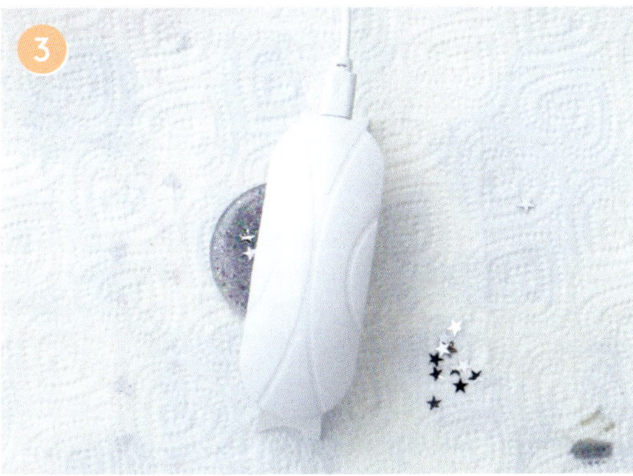

3

Nun legst du den Anhänger für 5 Minuten unter deine UV-Lampe und lässt das Epoxidharz aushärten. Währenddessen kannst du eine der Projektvorlagen für den Anhänger mit deinem Joy ausschneiden.

TIPP

Versiegle die Vorderseite des Anhängers nach dem Aufkleben des Vinyls mit UV-Resin/ Epoxidharz, damit diese nicht so schnell zerkratzt.

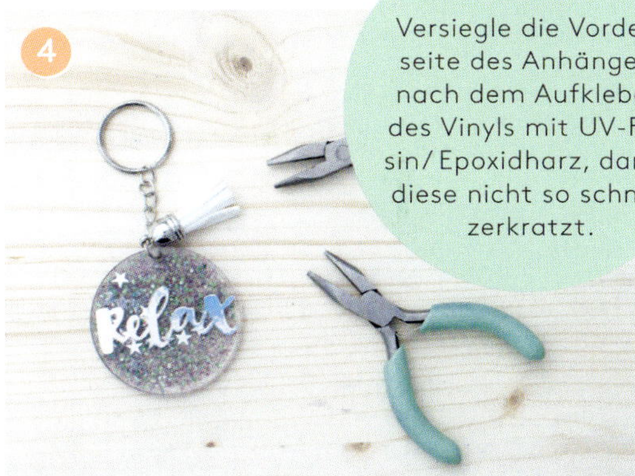

4

Entferne die Schutzfolie auf der anderen Seite deines Anhängers und übertrage dein ausgeschnittenes Element mit dem Tranfer Tape auf den Anhänger, drücke sie mit dem Schaber an. Befestige den Schlüsselring mithilfe einer Schmuckzange.

AUFWAND:

●●○

SCHNITT:

5 Minuten

ARBEITSZEIT:

1,5 Stunden

SCHNEIDEMATTE:

Standard Grip
in Grün (11,4 x 30,5 cm)

SCHNITTEINSTELLUNG:

Iron On

MATERIAL:

Cricut Easy Press

Wärmetransfermatte

Werkzeug zum Entgittern

Cricut-Joy-Klinge

Cricut Infusible-Ink-Stifte

Iron On in Schwarz

Kosmetiktasche aus Polyester, ca. 23 x 15 cm

Zeichenpapier oder Aquarellpapier

Pinsel

Gefäß mit Wasser

Acrylglas oder einen kleinen Teller

Pappe

Backpapier

Watercolor Travel Bag

Mit den stylischen Täschchen wird die Vorfreude auf den nächsten Urlaub umso größer! Die Kombination von aquarelligem Hintergrund und Lettering sieht super aus und ist immer ein echtes Unikat.

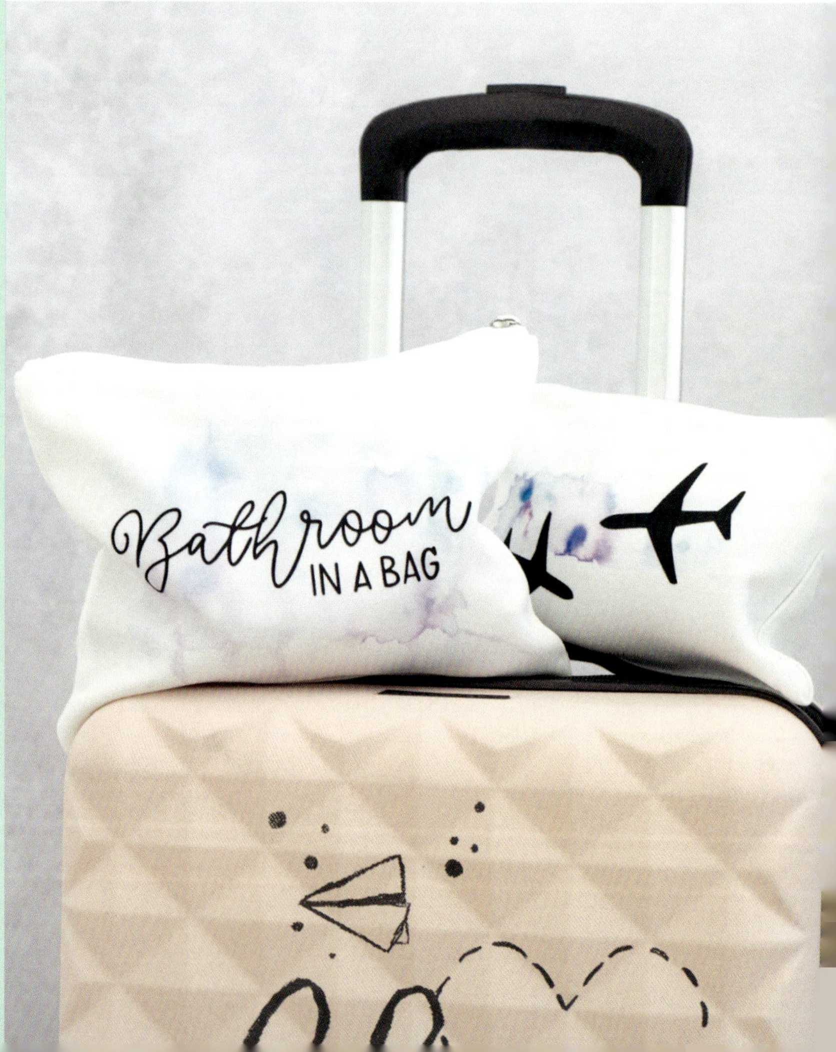

So geht's

ACHTUNG

Wichtige Einstellung vor der Herstellung: Spiegeln nicht vergessen!

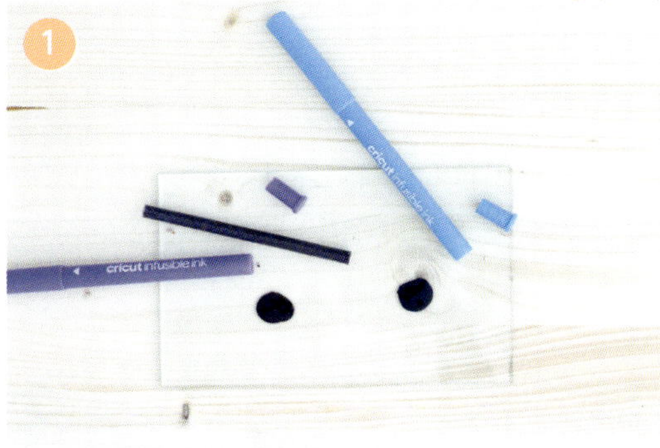

TIPP

Je weniger Wasser du nutzt, desto intensiver ist das Ergebnis nach dem Pressen.

Öffne die Cricut Infusible-Ink-Stifte am oberen Ende mit einer Zange und drehe vorsichtig, bis sich der Stopfen löst. Nun kannst du die Farbmine aus dem Inneren des Stifts herausholen und einen Tropfen aus der Mine herausdrücken auf einen leicht abwischbaren Untergrund, wie zum Beispiel eine Glasscheibe oder einen Teller.

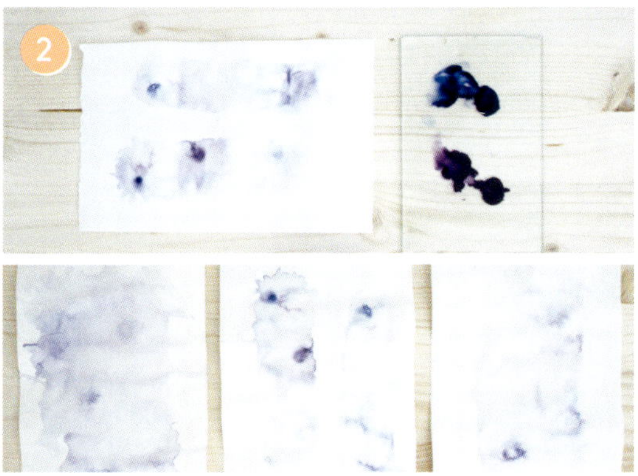

Mit Pinsel und Wasser kannst du die Farbe auf dem Glas etwas verdünnen. Male mit dem Pinsel ein paar Kleckse auf das vorher befeuchtete Papier, sodass die Farben schön ineinanderlaufen.

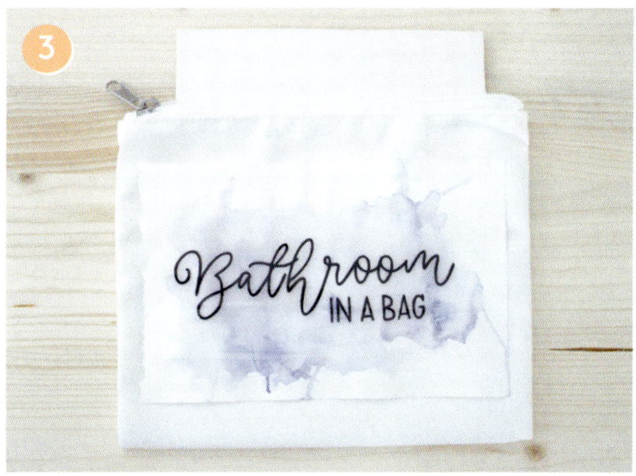

Plotte jetzt die Datei zum Projekt aus und entgittere sie. Achtung: Die Datei muss vorher gespiegelt werden. Anschließend wird sie mit deinen gemalten Aquarellklecksen zur Probe auf die Kosmetiktasche gelegt.

Und so geht's weiter

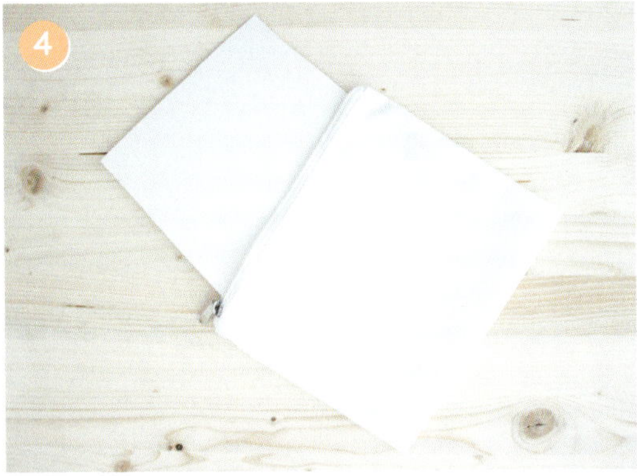

Um zu verhindern, dass die Farbe durch den Stoff auf die Rückseite gelangt, schiebe ein Stück Pappe in die Kosmetiktasche.

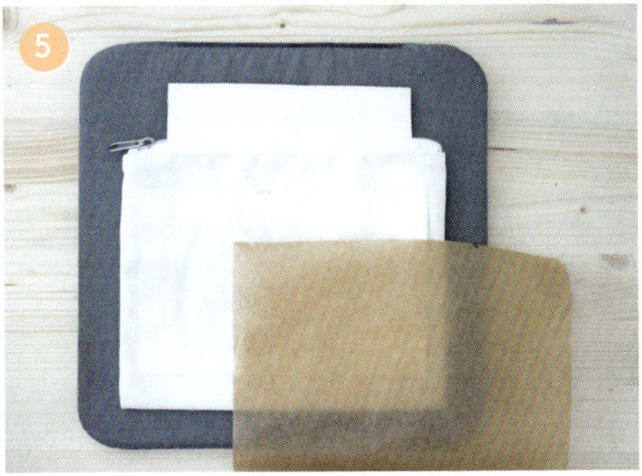

Platziere die Aquarellkleckse auf der Kosmetiktasche, sodass sie nach unten zeigen. Darauf wird ein Stück Backpapier gelegt.

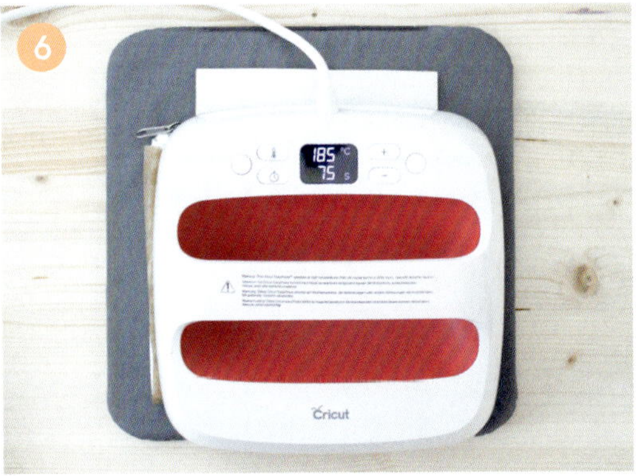

Heize die Easy Press nach Anweisung des Cricut-Hitzeguides auf und presse die Aquarellkleckse auf den Stoff.

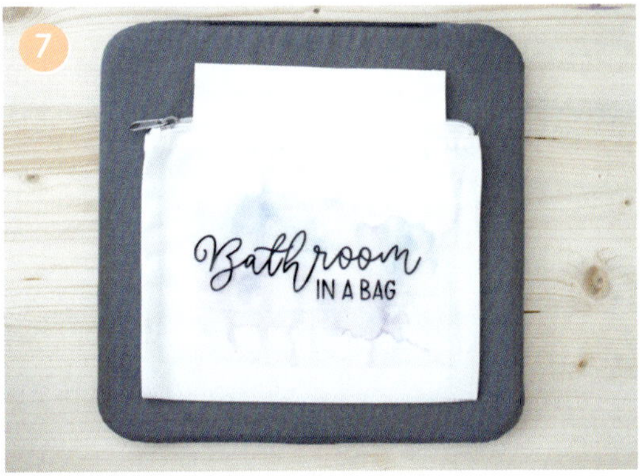

Entferne das Backpapier und das Aquarellpapier, nachdem der Stoff abgekühlt ist. Danach platzierst du das Iron-On-Motiv auf der Kosmetiktasche und presst dieses erneut nach Anweisung des Cricut-Hitzeguides.

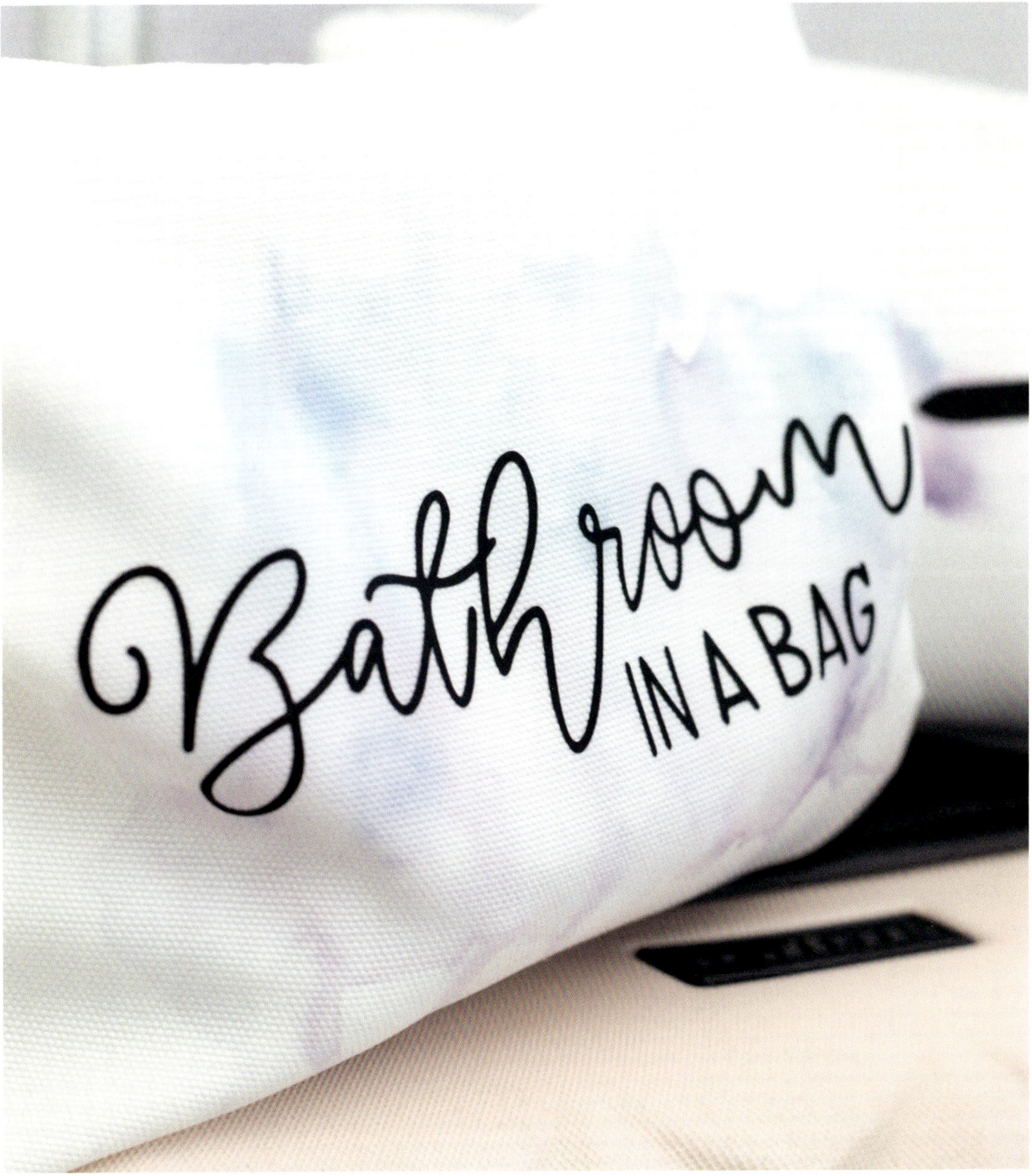
Bathroom
IN A BAG

AUFWAND:

●●○

SCHNITT:
5 Minuten

ARBEITSZEIT:
2 Stunden

SCHNEIDEMATTE:
ohne, da Smart-Material

SCHNITTEINSTELLUNG:
Smart Vinyl – permanent

MATERIAL:
Schaber
Cricut-Joy-Klinge
Smart Vinyl – permanent
Transfer Tape
Badematte
Klebeband
Schwamm
Stoffmalfarbe in Braun

Statement-Badematte

Warum nicht einfach mal die schlichten Badvorleger mit einem angesagten Spruch verzieren? Ich zeige dir, wie du ein Statement in deinem Badezimmer setzen kannst.

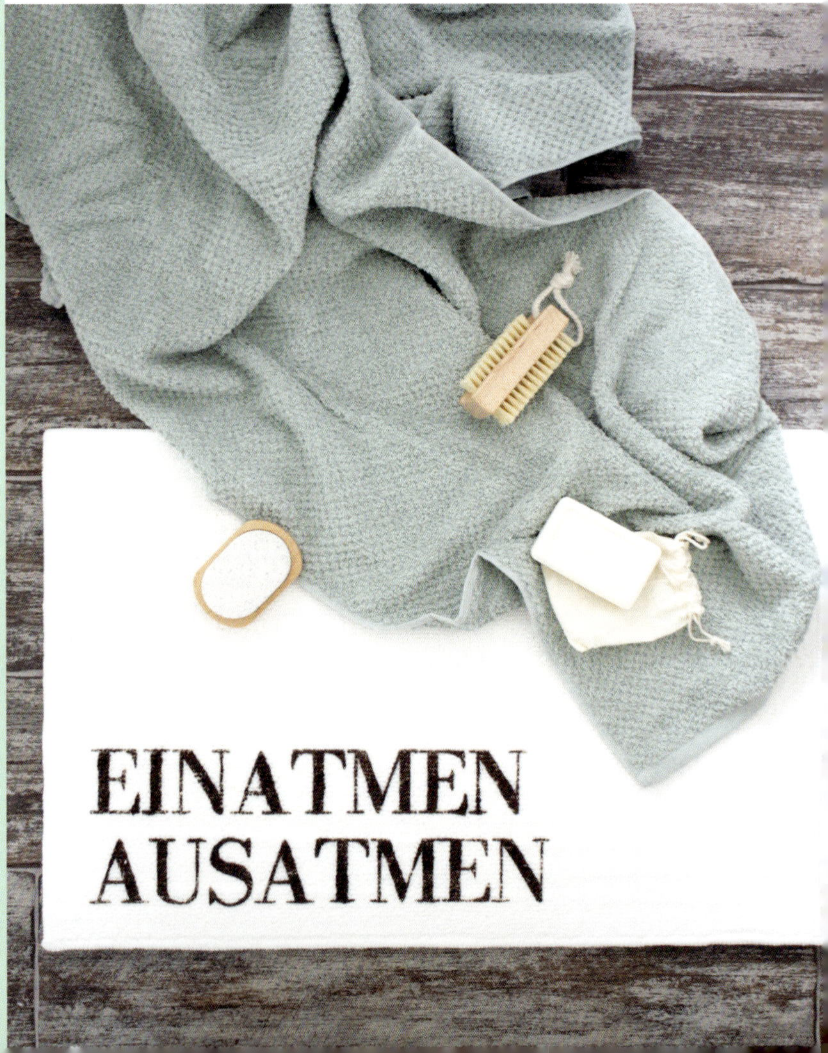

So geht's

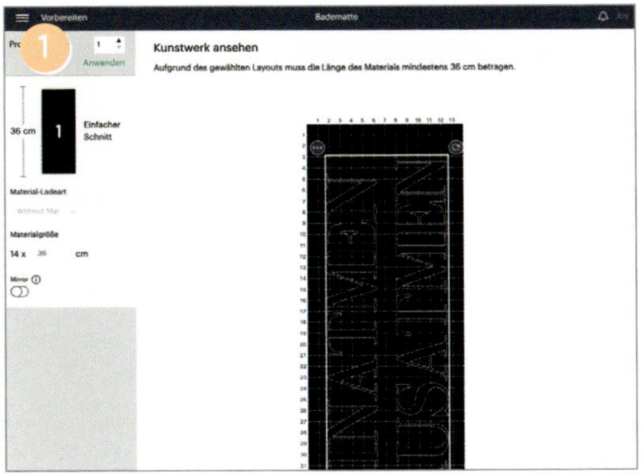

Lade die Projektdatei in den Design Space und passe die Dateigröße deiner Badematte an. Bevor der Cricut Joy dein Motiv ausschneidet, passe die vorbereitete Matte an, indem du das Motiv ungefähr 2 cm vom linken Rand zur Mitte verschiebst.

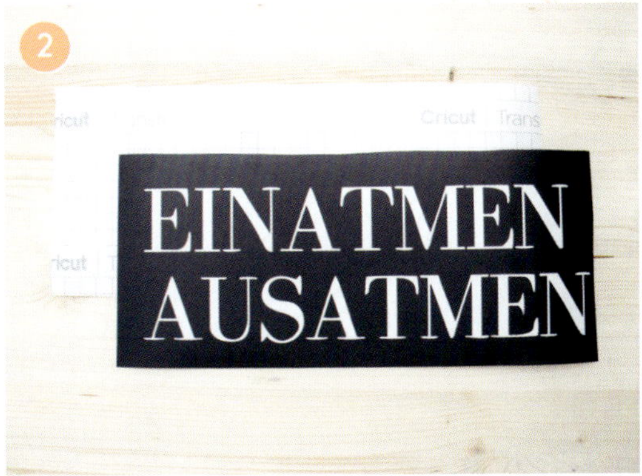

Plotte anschließend die Datei aus und entgittere das Negativ. Du entfernst die Buchstaben und lässt die Umrandung auf der Trägerfolie stehen.

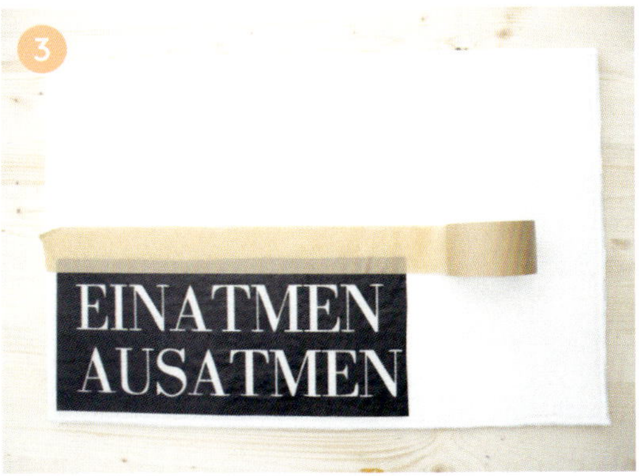

Mithilfe des Tranfer Tapes klebst du das Negativ der Vorlage auf die Badematte. Um sicherzugehen, dass keine Farbe auf die Badematte tropft, kannst du die Ränder mit Klebeband abkleben.

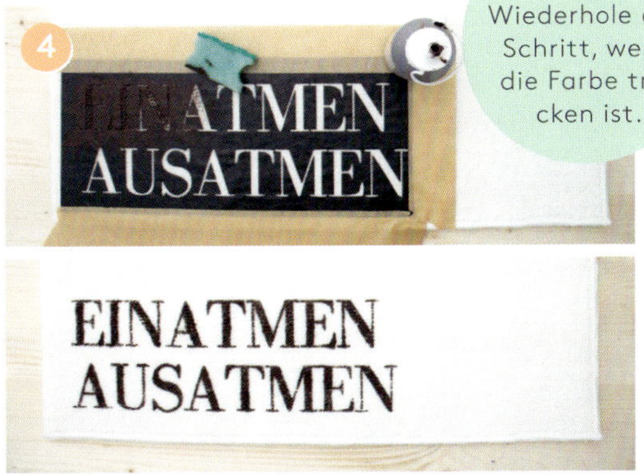

Tupfe mit einem trockenen Schwamm die Farbe auf. Lieber weniger Farbe als zu viel. Wenn du zufrieden bist und die Farbe mindestens 1,5 Stunden getrocknet ist, kannst du die Vinylfolie behutsam abziehen. Die Farbe gegebenenfalls fixieren.

TIPP

Wiederhole den Schritt, wenn die Farbe trocken ist.

AUFWAND:

●○○

SCHNITT:

5 Minuten

ARBEITSZEIT:

30 Minuten

SCHNEIDEMATTE:

ohne, da Smart Material

SCHNITTEINSTELLUNG:

Vinyl – permanent

MATERIAL:

Werkzeug zum Entgittern

Schaber

Schale

Cricut-Joy-Klinge

Smart Vinyl - permanent

Transfer Tape

Ballons

Motiv-ballons

Die nächste Geburt im Familien- oder Freundeskreis steht vor der Tür? Eine prima Gelegenheit, deinen Cricut Joy zu Hilfe zu nehmen, um Ballons eindrucks-voll mit Vinylfolie zu verschönern.

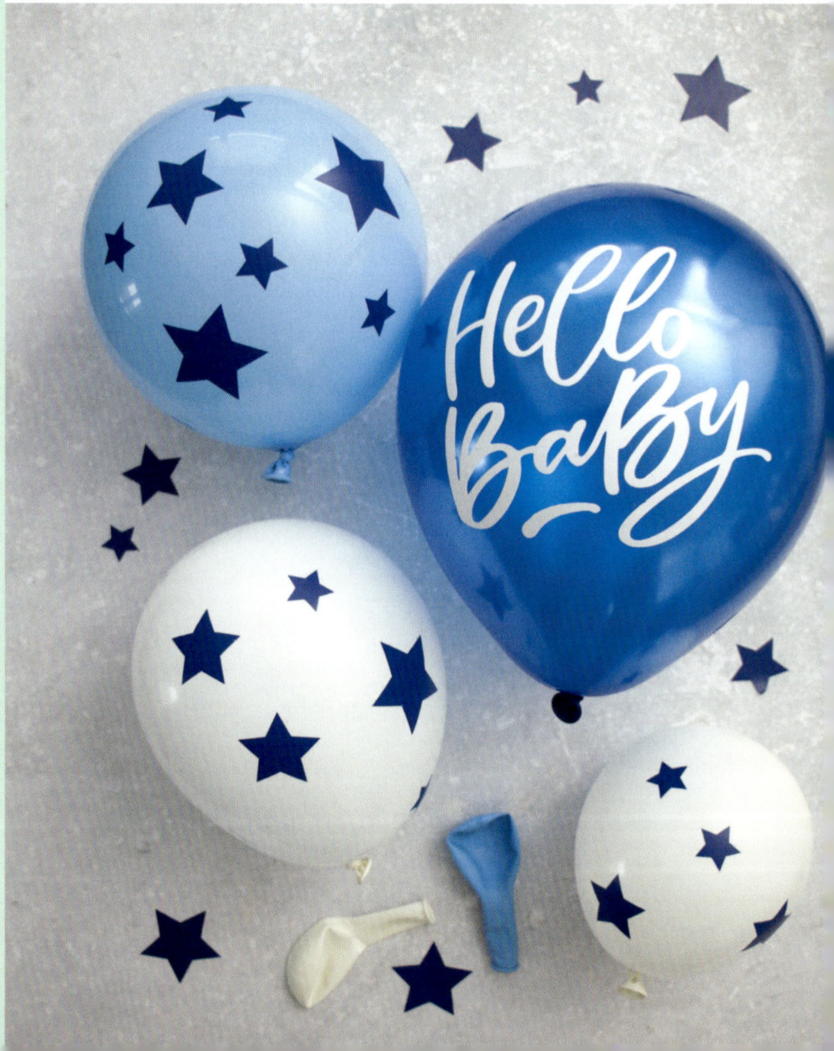

Und so geht's

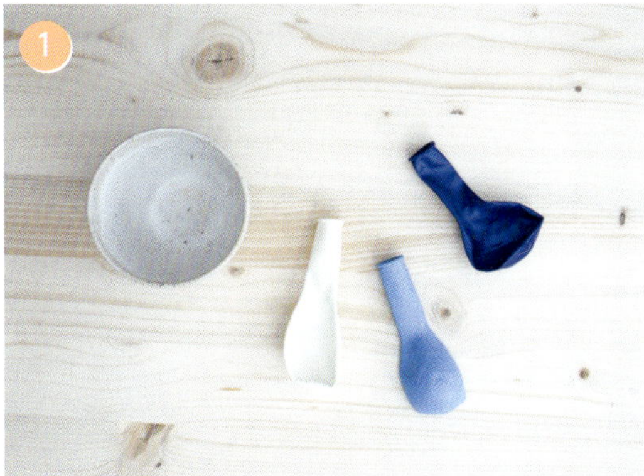

Puste den Ballon, den du beplotten möchtest, auf und knote ihn fest zu.

Mit einem Lineal misst du dir auf dem Ballon grob die Breite der Datei aus.

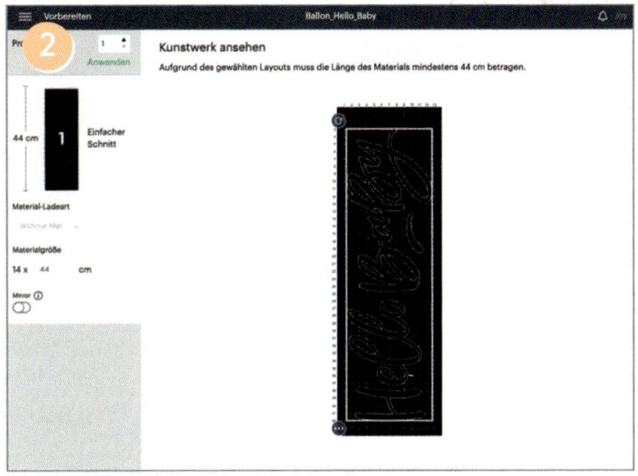

Lade jetzt die Datei in den Design Space und passe die Größe an. Jetzt kann die Datei ausgeschnitten werden.

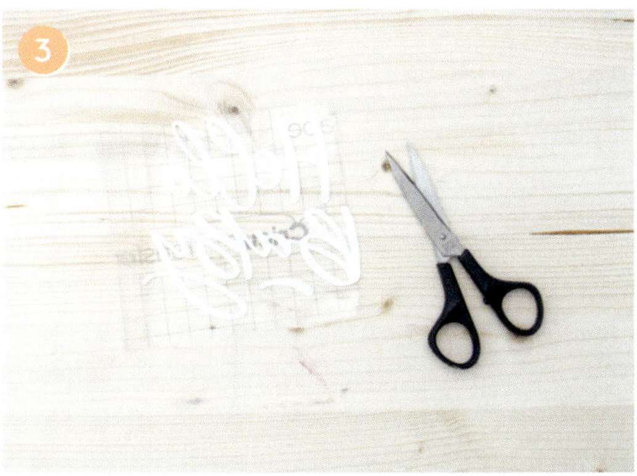

Entgittere die Datei, lege beide Worte untereinander und klebe das Tranfer Tape darauf. Drücke sie mit dem Schaber gut an. Dann kannst du das Trägerpapier entfernen und das Tranfer Tape an allen Seiten etwas einschneiden.

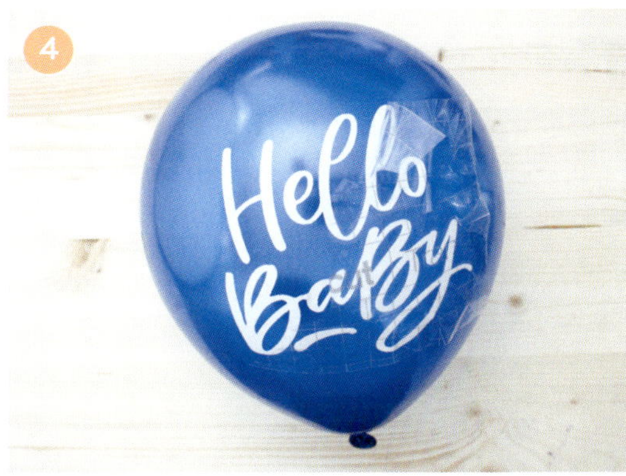

Lege den Ballon in eine Schale. So kann er dir nicht wegrutschen, während du das Motiv überträgst. Platziere das Motiv vorsichtig auf dem Ballon und drücke es leicht an. Ziehe anschließend das Tranfer Tape behutsam ab.

AUFWAND:

●●●

SCHNITT:

circa 15 Minuten

ARBEITSZEIT:

25 Minuten

SCHNEIDEMATTE:

Standard Grip
in Grün

SCHNITTEINSTELLUNG:

Vinyl – permanent

MATERIAL:

Werkzeug zum Entgittern

Schaber

Cricut-Joy-Klinge

Vinyl – permanent

Transfer Tape

Lunchbox

TIPP

Bei mehrfarbigen Dateien gibt es zwei Möglichkeiten zum Übertragen auf ein Objekt deiner Wahl.

Individuelle Lunchbox

Schon wieder die Leberwurststullen vom Liebsten erwischt? Dank der individuell gestalteten Lunchbox ist Verwechslung ab jetzt ausgeschlossen! Gestalte nachhaltige Lunchboxen mit deinem Cricut Joy.

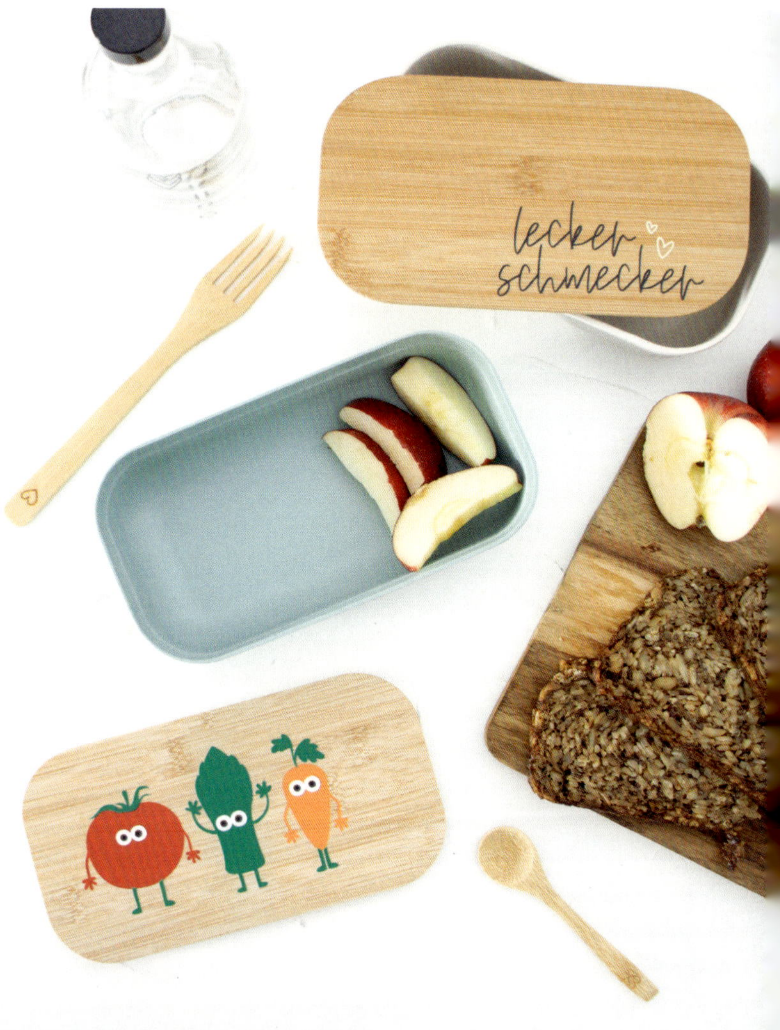

Variante 1 – Freches Gemüse

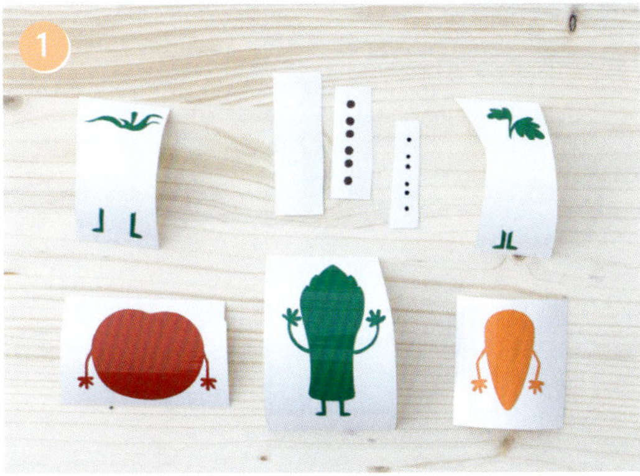

Lade dir die Datei in den Design Space hoch und wähle das Gemüse deiner Wahl aus. Miss die Größe für dein Projekt aus und passe die Größe im Design Space an. Plotte anschließend, Farbe für Farbe, aus.

Entgittere die Gemüse und sortiere die Einzelteile.

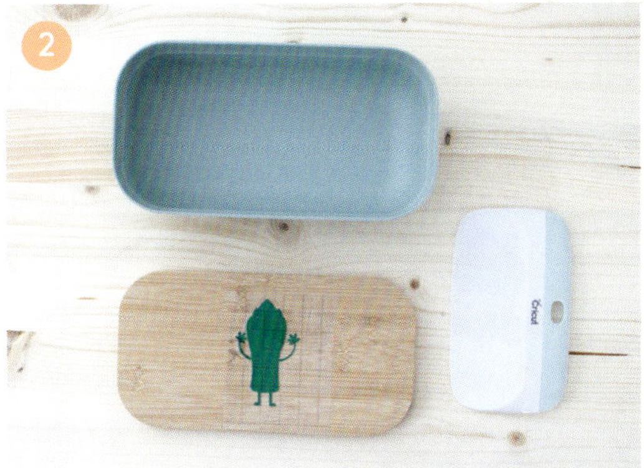

Jetzt überträgst du zuerst die Körper auf den Deckel der Lunchbox mithilfe dem Tranfer Tape. Starte mit dem Gemüse, welches mittig platziert werden soll.

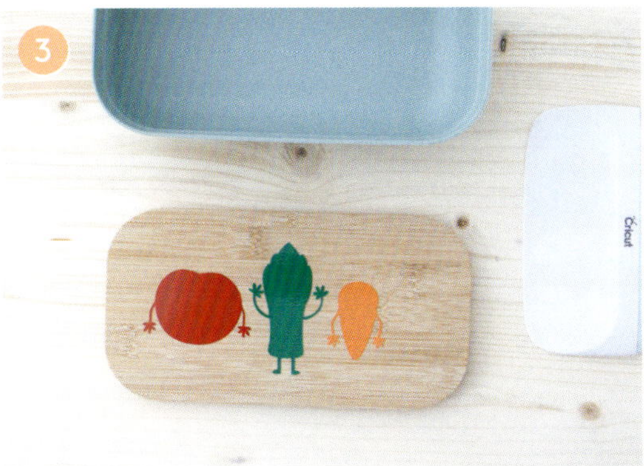

Danach überträgst du links und rechts die Körper der anderen beiden Gemüsesorten.

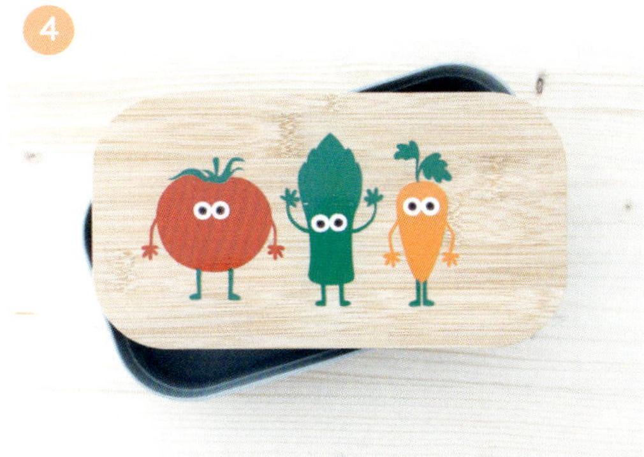

Anschließend folgen die Beine und die Augen. Bei den Augen wird zuerst Weiß, dann Braun und zum Schluss Schwarz übertragen. Als Vorlage kannst du dir dafür deine Datei im Design Space anschauen.

Variante 2 – Lecker Schmecker

Für eine mehrfarbige Datei kannst du dir im Design Space Hilfspunkte setzen und dir die Einzelteile je Farbe nach und nach ausschneiden lassen. Mithilfe der Hilfspunkte lässt sich die Datei ganz genau aufeinandersetzen. Setze die zweite Datei mithilfe der Quadrate direkt auf die erste Datei.

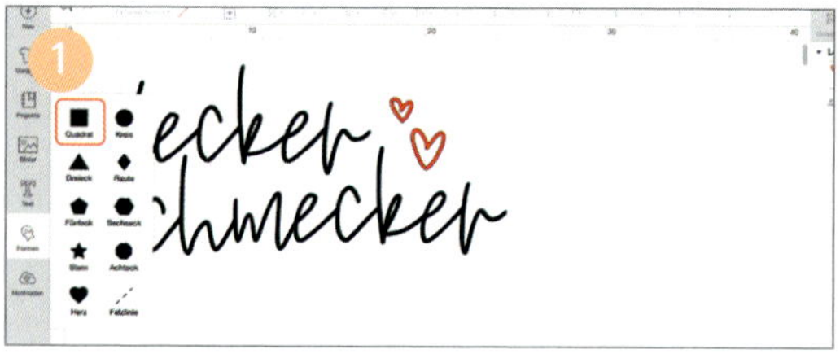

Gehe im Design Space auf den Reiter „Formen" und wähle das Quadrat aus. Je Farbe, die du plotten möchtest, benötigst du zwei Quadrate.

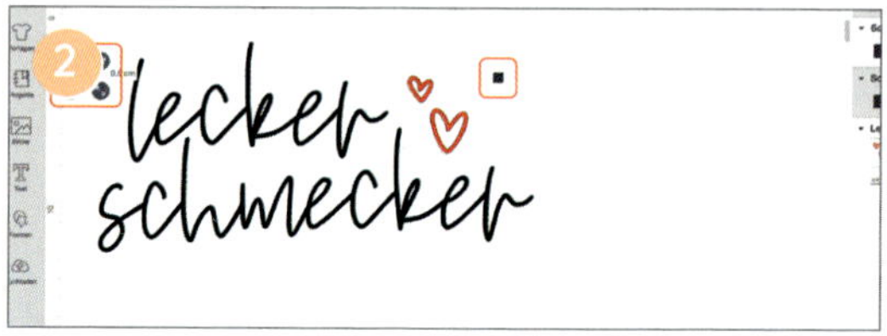

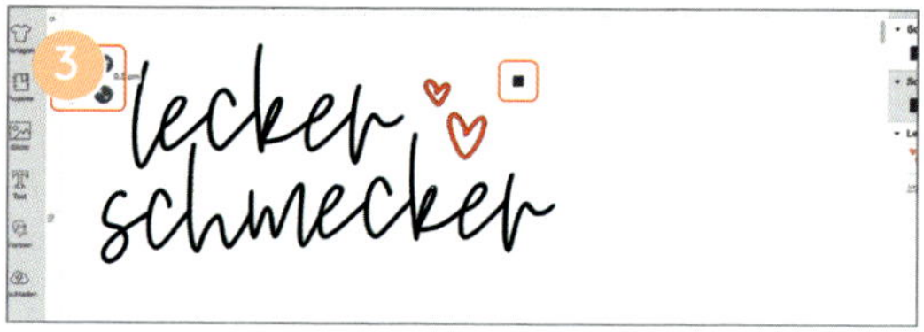

Miss anschließend die Größe für dein Projekt aus und passe die Größe im Design Space an. Platziere die Quadrate links und rechts von deiner Datei. Markiere dir rechts im Reiter „Ebenen" alle Elemente einer Farbe und verbinde sie miteinander.

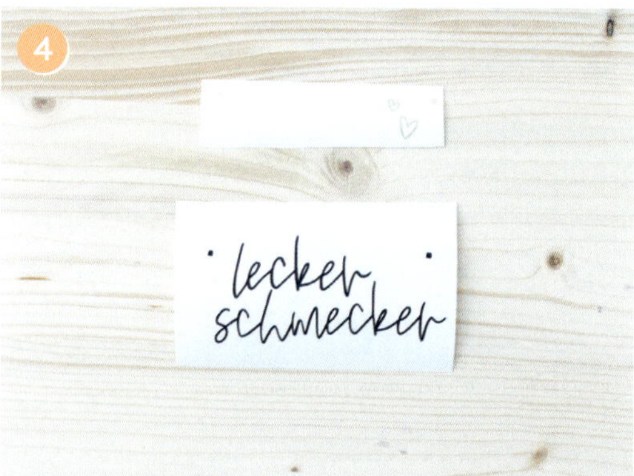

Schneide und entgittere die Datei. Achte darauf, deine Quadrate mit zu entgittern.

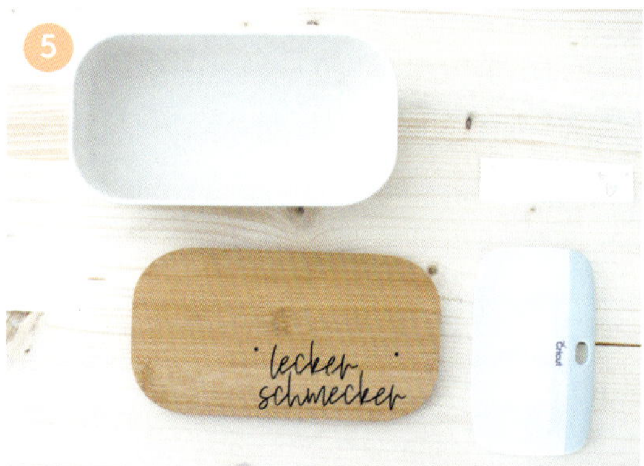

Übertrage mithilfe dem Tranfer Tape deine Datei auf den Deckel der Lunchbox.

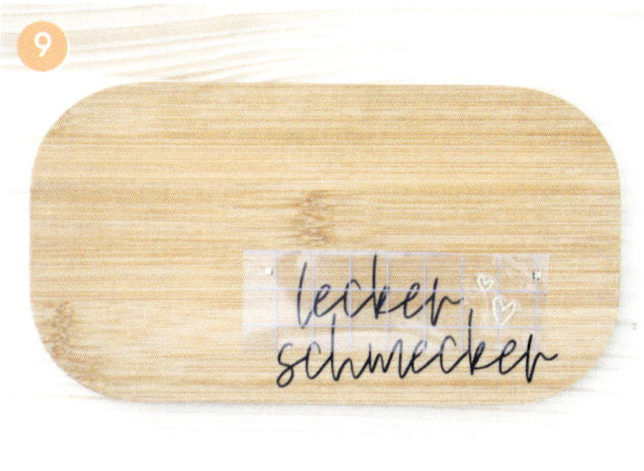

Setze die zweite Datei mithilfe der Quadrate direkt auf die erste Datei.

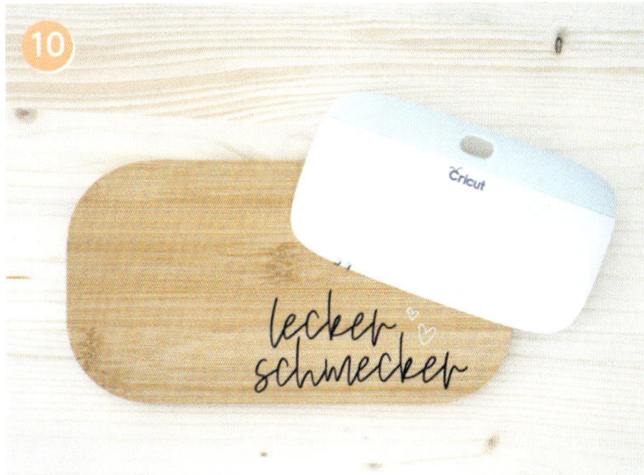

Entferne zum Schluss die Hilfs-Quadrate mit dem Schaber.

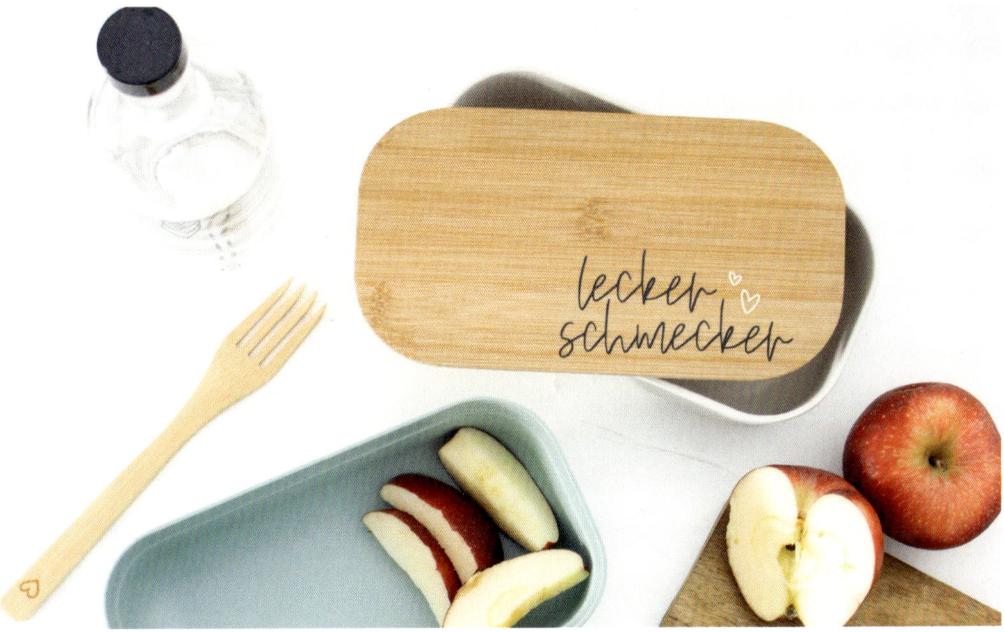

Filz-untersetzer

Untersetzer sind nicht nur praktisch, um die Oberfläche von Tischen zu schützen, sie sind auch dekorativ, und man kann gar nicht genug davon haben. Umso schöner, wenn sie dann auch noch selbst gemacht sind!

AUFWAND:

●○○

SCHNITT:

15 Minuten

ARBEITSZEIT:

30 Minuten

SCHNEIDEMATTE:

Standard Grip in Grün

SCHNITTEINSTELLUNG:

Iron On

MATERIAL:

Easy Press/ Easy Press mini

Wärmetransfermatte/ Handtuch

Entgitterungswerkzeug

Cricut-Joy-Klinge

Iron On

Filz, 2,5 cm Stärke

Backpapier

ACHTUNG

Iron-On-Motiv vor der Herstellung spiegeln.

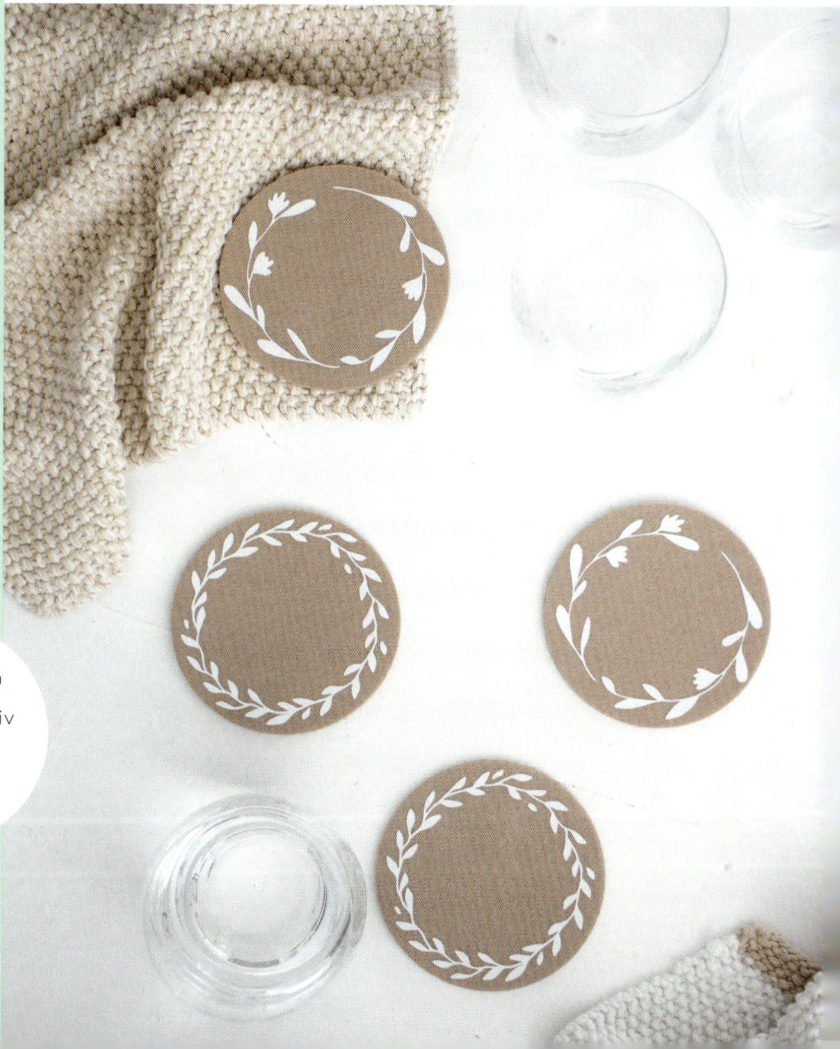

So geht's

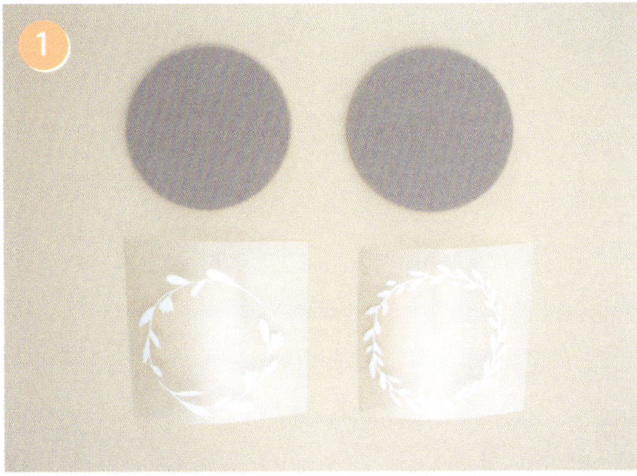

Schneide dir Filzuntersetzer mit einem Durchmesser von 10 cm zurecht. Plotte die Vorlagen für die Iron-On-Verzierung mit dem Cricut Joy aus und entgittere die einzelnen Motive mithilfe des Entgitterungswerkzeugs.

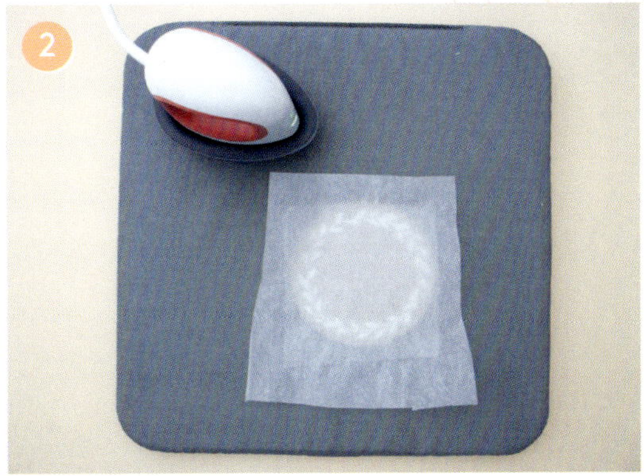

Heize deine Press auf 150 Grad und 10 Sekunden vor. Bei der Easy Press mini ist das Stufe 2.

Lege den Filzuntersetzer auf die Wärmetransfermatte. Darauf kannst du jetzt das Iron-On-Motiv mittig platzieren. Anschließend deckst du die Folie mit einer Lage Backpapier ab.

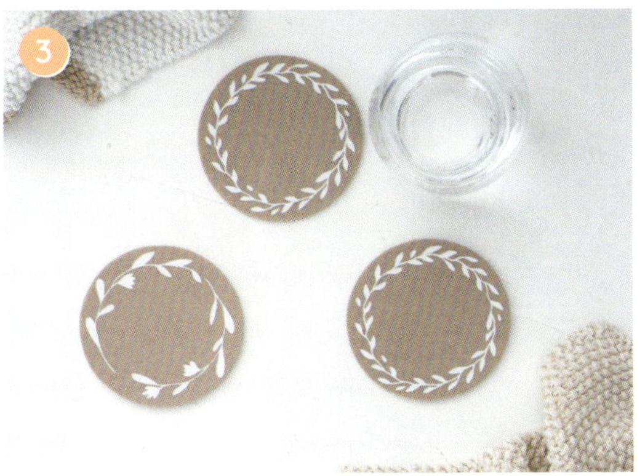

Presse jetzt das Motiv für 10 Sekunden mit leichtem Druck. Anschließend gut auskühlen lassen. Danach kannst du die Trägerfolie abziehen.

TIPP

Personalisiere die Untersetzer mit Namen oder Sprüchen.

AUFWAND:

●●●

SCHNITT:

5 Minuten

ARBEITSZEIT:

1 Stunde

SCHNEIDEMATTE:

Standard Grip in Grün (11,4 x 30,5 cm)

SCHNITTEINSTELLUNG:

Vinyl – ablösbar

MATERIAL:

Bügeleisen

Siebdruckrahmen A4

Rakel

Kleiner Löffel

Werkzeug zum Entgittern

Cricut-Joy-Klinge

Vinyl – ablösbar

Transfer Tape

Siebdruckfarbe in Blau und Weiß

Shirt

Pappe oder alte Zeitung

Backpapier

Siebdruck-shirt

Siebdruck ganz ohne Chemikalien! Mit selbst gemachten Mustern werden Shirts und Co. zum Hingucker. Erstelle filigrane Vorlagen mit deinem Cricut Joy und übertrage sie im Anschluss im Siebdruckverfahren auf deine Lieblingskleidung.

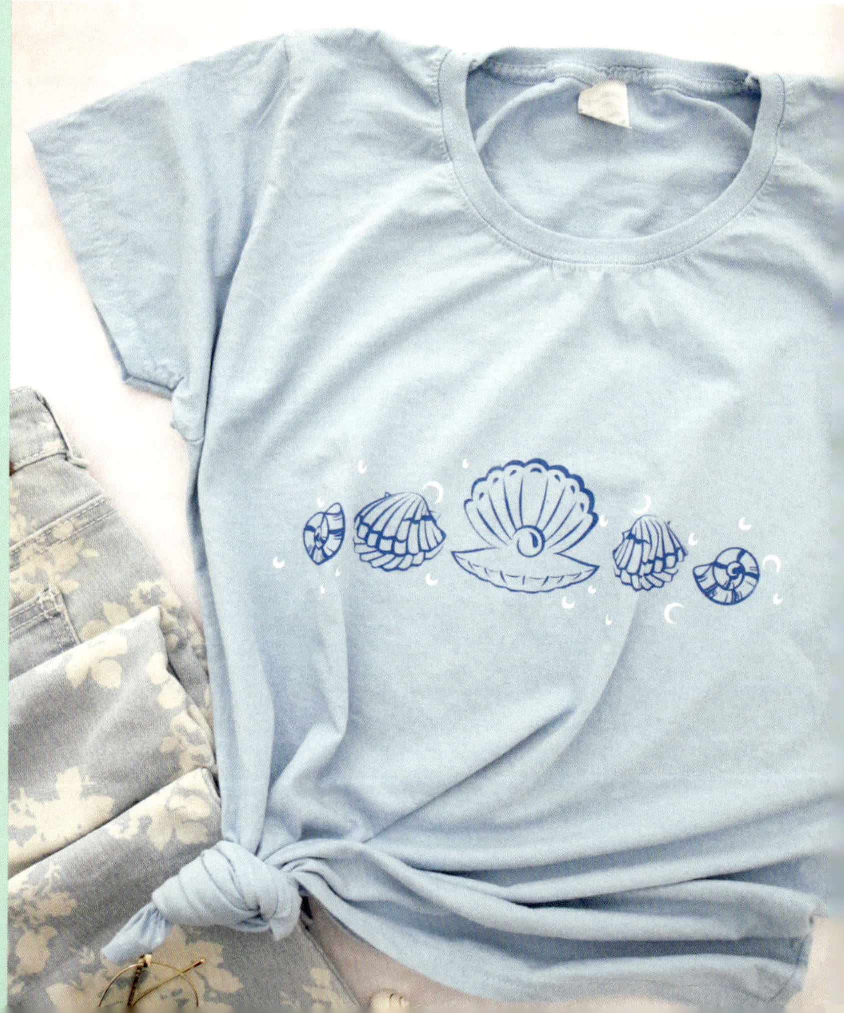

So geht's

1

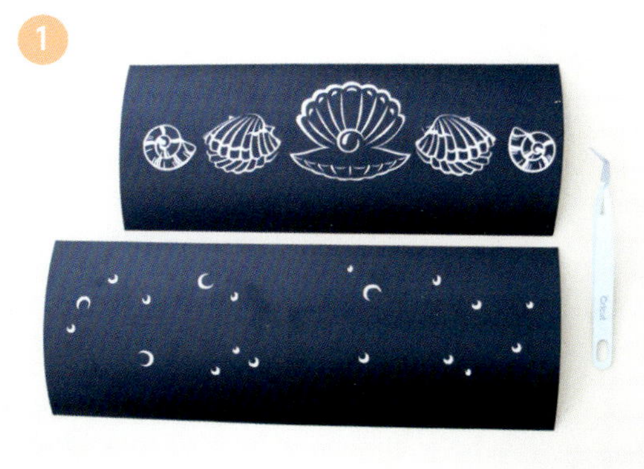

Schneide die Vorlagen mit dem Cricut Joy aus und entgittere die einzelnen Motive mithilfe des Entgitterungswerkzeugs. Achte darauf, für den Siebdruck das Motiv herauszulösen. Wir arbeiten hier nämlich mit dem Negativ der Vorlage.

2

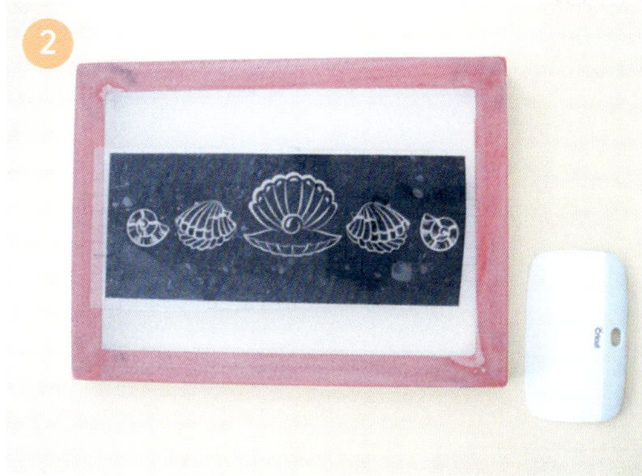

Klebe die Übertragungsfolie auf deine Vorlage und entferne das Tranfer Tape von der Rückseite. Anschließend platzierst du das Motiv auf der Unterseite deines Siebdruckrahmens.

3

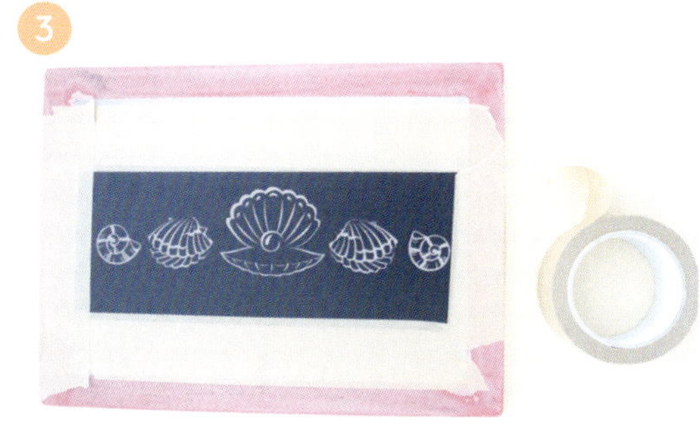

Alle freien Flächen um das Motiv herum werden mit Klebeband abgeklebt.

4

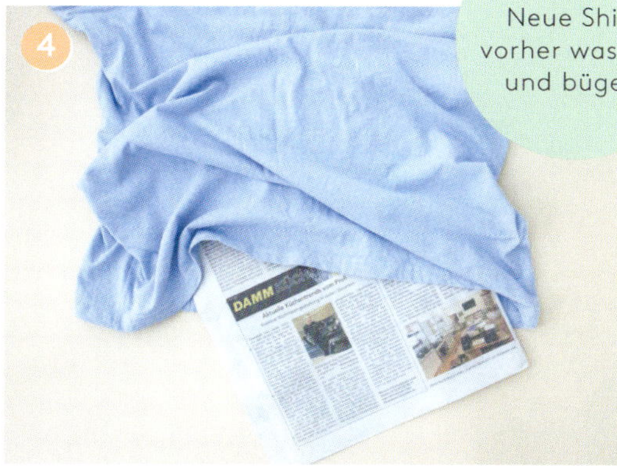

TIPP

Neue Shirts vorher waschen und bügeln!

Um die Rückseite deines Shirts zu schützen, benötigst du ein Stück Pappe oder eine alte Zeitung. Diese wird in das Shirt geschoben und an der Stelle platziert, an der du dein Motiv aufdrucken möchtest.

Und so geht's weiter

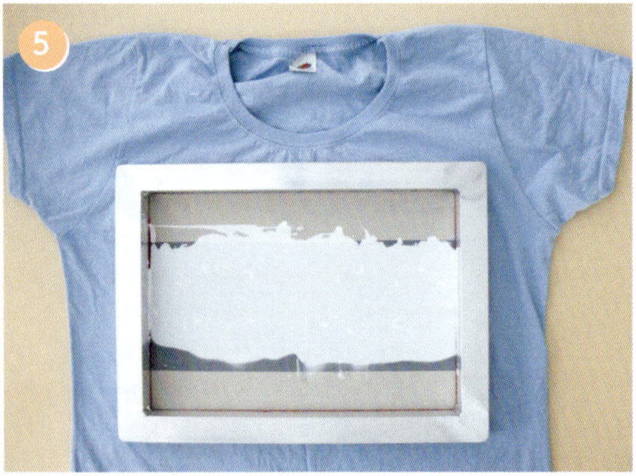

Jetzt kann der Siebdruckrahmen auf dem Shirt platziert werden. Danach wird die Siebdruckfarbe aufgetragen. Die Farbe vor Gebrauch einmal gut durchrühren! Mit einem kleinen Löffel wird die Farbe oberhalb deines Motivs aufgetragen. Für das Muschel-Motiv benötigst du 2–3 Löffel Blau und 2 Löffel Weiß.

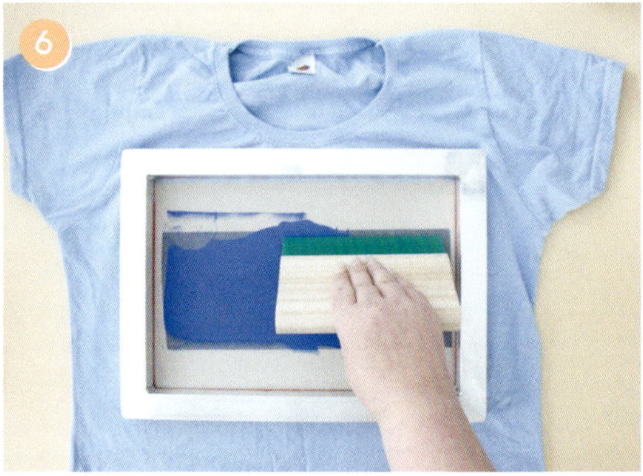

Mit leicht schräger Rakel und leichtem Druck wird die Farbe von oben nach unten über das Motiv gezogen. Entferne anschließend sofort den Siebdruckrahmen! Gehe vorsichtig vor und halte mit einer Hand das Shirt gut fest. Das Sieb im Anschluss gleich auswaschen, damit sich keine Farbreste darin festsetzen.

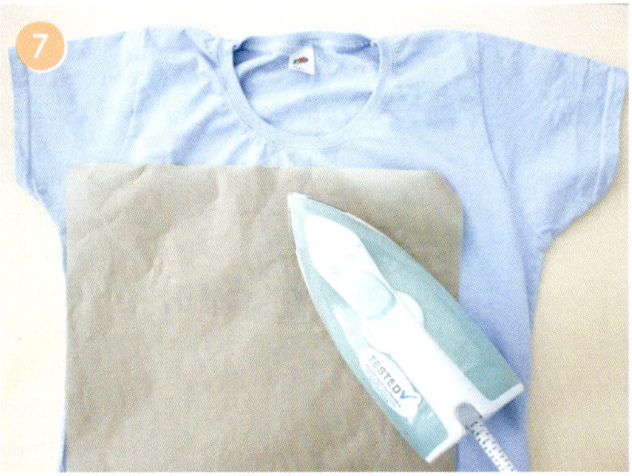

Nach dem Trocknen legst du zum Fixieren der Farbe ein Backpapier über dein Motiv und bügelst es mit einem Bügeleisen. Beachte hierzu die Anweisungen auf der Verpackung der Siebdruckfarbe.

ACHTUNG

Wenn du mit zwei oder mehr Farben arbeitest, solltest du die Farbe zwischen den Vorgängen unbedingt trocknen lassen.

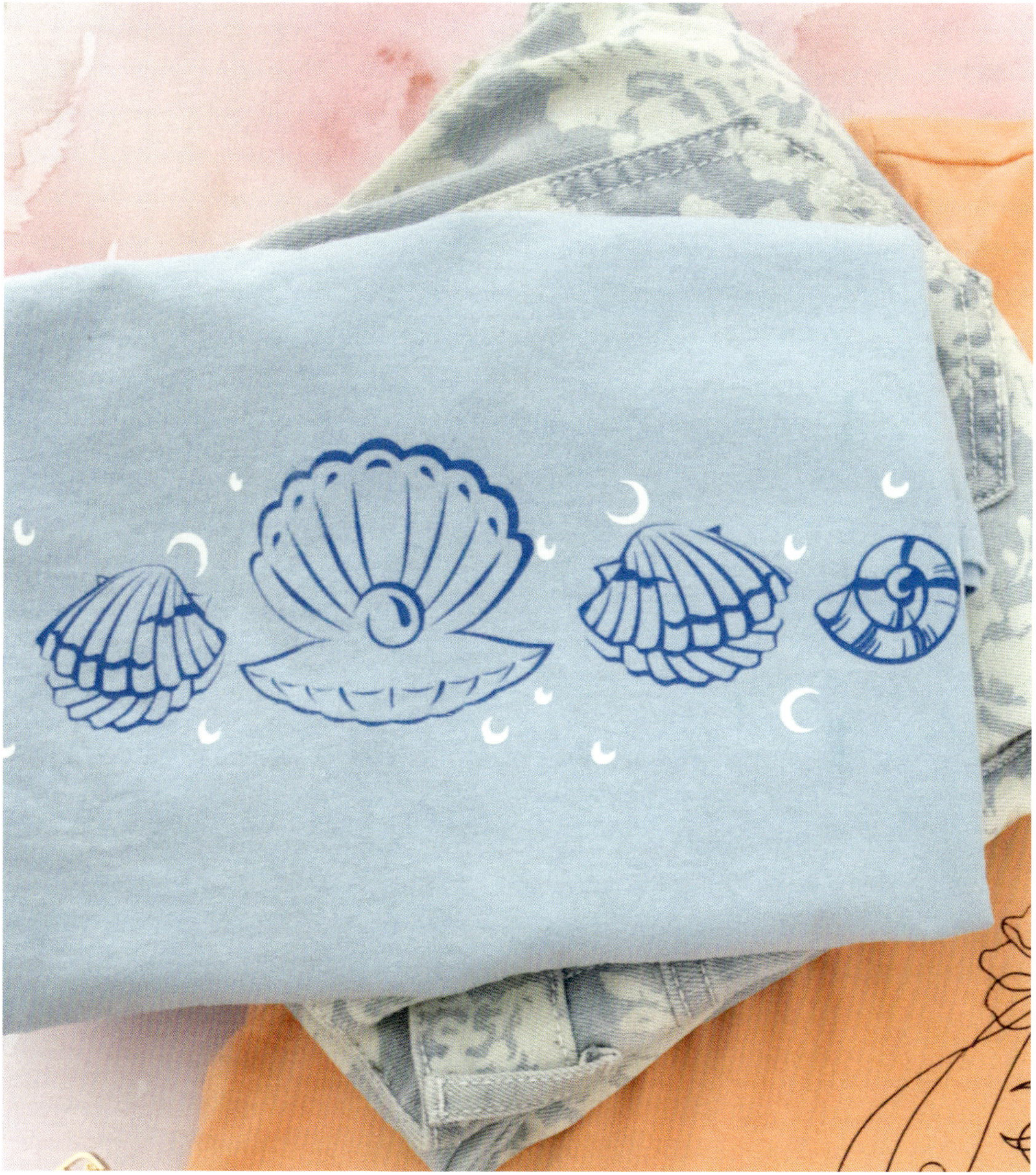

Weihnachts-kugeln

Christbaumkugeln zu personalisieren oder mit weihnachtlichen Motiven und Sprüchen zu versehen ist ein tolles Projekt für die Vorweihnachtszeit. Genieße die besinnliche Zeit und gestalte deine eigenen Kugeln.

AUFWAND:

●●○

SCHNITT:

5 Minuten

ARBEITSZEIT:

30 Minuten

SCHNEIDEMATTE:

ohne, da Smart-Material

SCHNITTEINSTELLUNG:

Smart Vinyl

MATERIAL:

Schaber

Cricut-Joy-Klinge

Smart Vinyl – permanent in Gold

Transfer Tape

Christbaumkugeln, Ø 8 cm

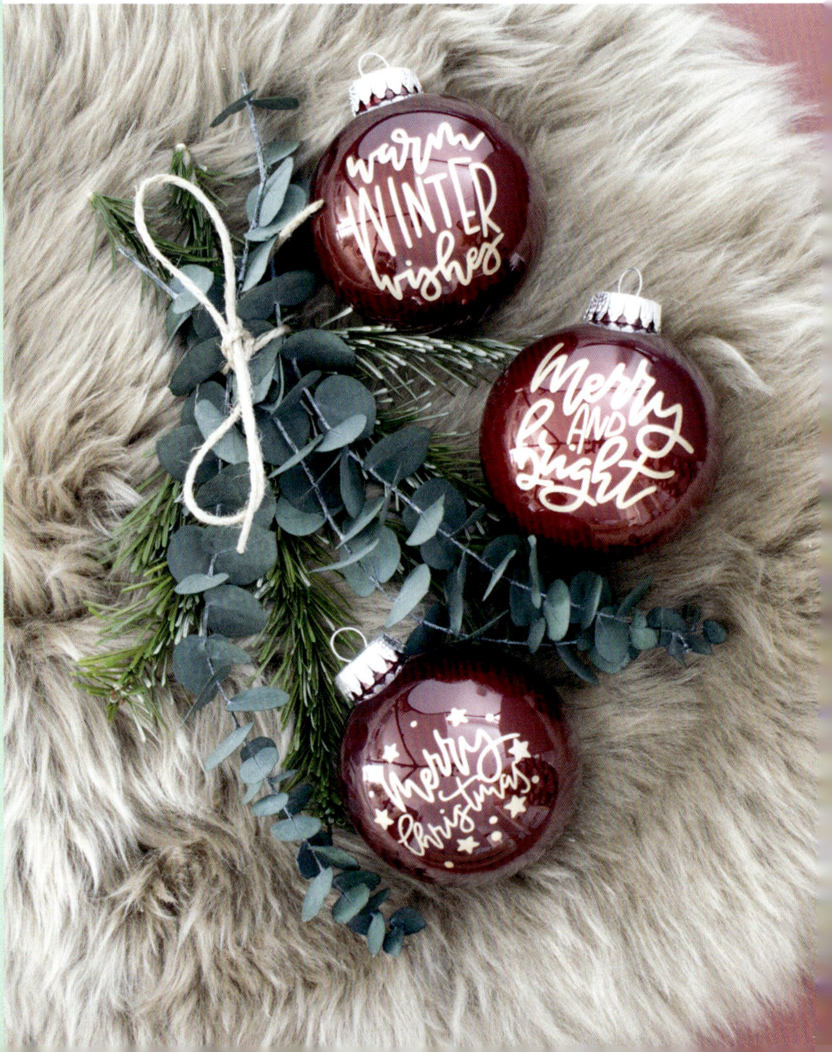

So geht's

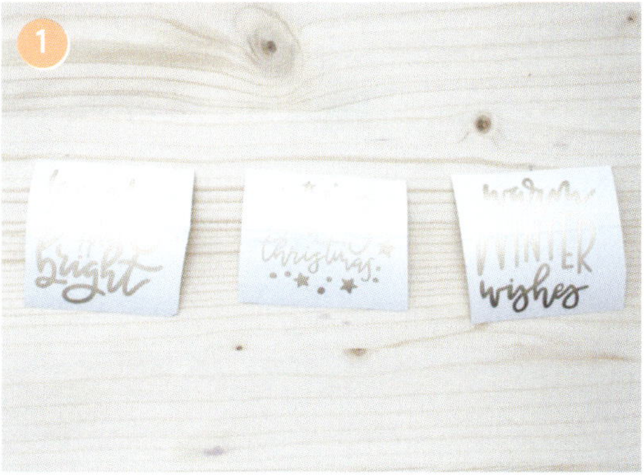

Lade die Projektdateien in den Design Space hoch, schneide und ergittere diese dann.

Je nach Größe deiner Christbaumkugeln kannst du die Datei im Design Space vergrößern oder verkleinern.

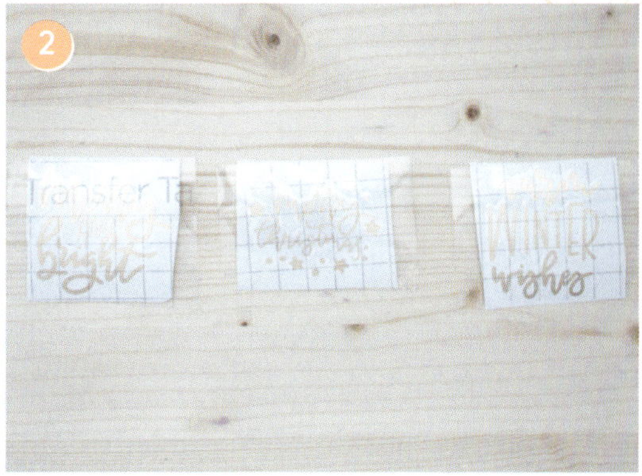

Anschließend überklebst du die einzelnen Ausschnitte mit dem Tranfer Tape. Mit dem Schaber das Tape gut anpressen.

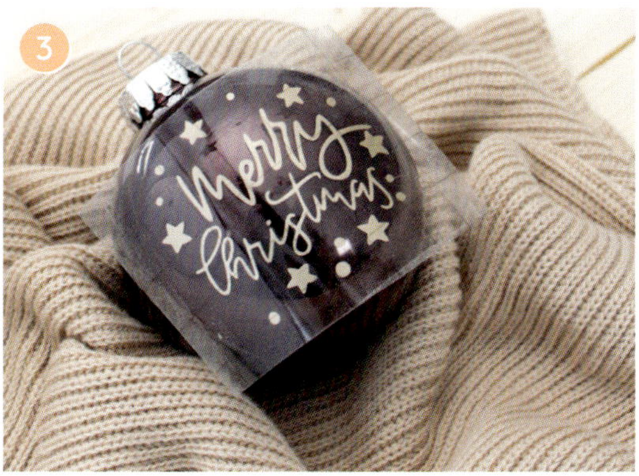

Platziere die Datei auf der Christbaumkugel. Drücke zuerst nur die Mitte des Motivs auf der Christbaumkugel fest.

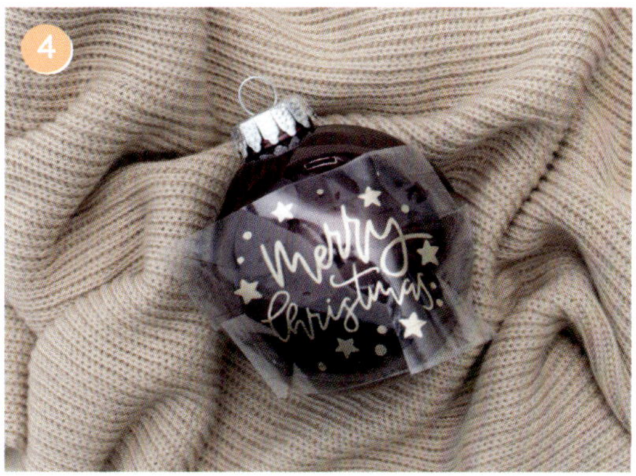

Nun schneidest du von allen Seiten die Übertragungsfolie ein. Achte darauf, die Vinylfolie nicht zu beschädigen.

Drücke nach und nach die Seiten auf der Christbaumkugel an. Auch das Tranfer Tape kannst du nach und nach in Stücken abziehen.

AUFWAND:

●○○

SCHNITT:

2 Minuten

ARBEITSZEIT:

45 Minuten

SCHNEIDEMATTE:

Standard Grip
in Grün

SCHNITTEINSTELLUNG:

Vinyl – permanent

MATERIAL:

Werkzeug zum Entgittern

Cricut-Joy-Klinge

Vinyl – permanent

Transfer Tape

Gekochte Eier

Eierfarbe, lebensmittelecht

Ei, Ei, Ei Ostereier

Der Osterhase hat bestimmt auch einen Cricut Joy, um gekochte Eier supereinfach mit süßen Vorlagen zu verzieren.

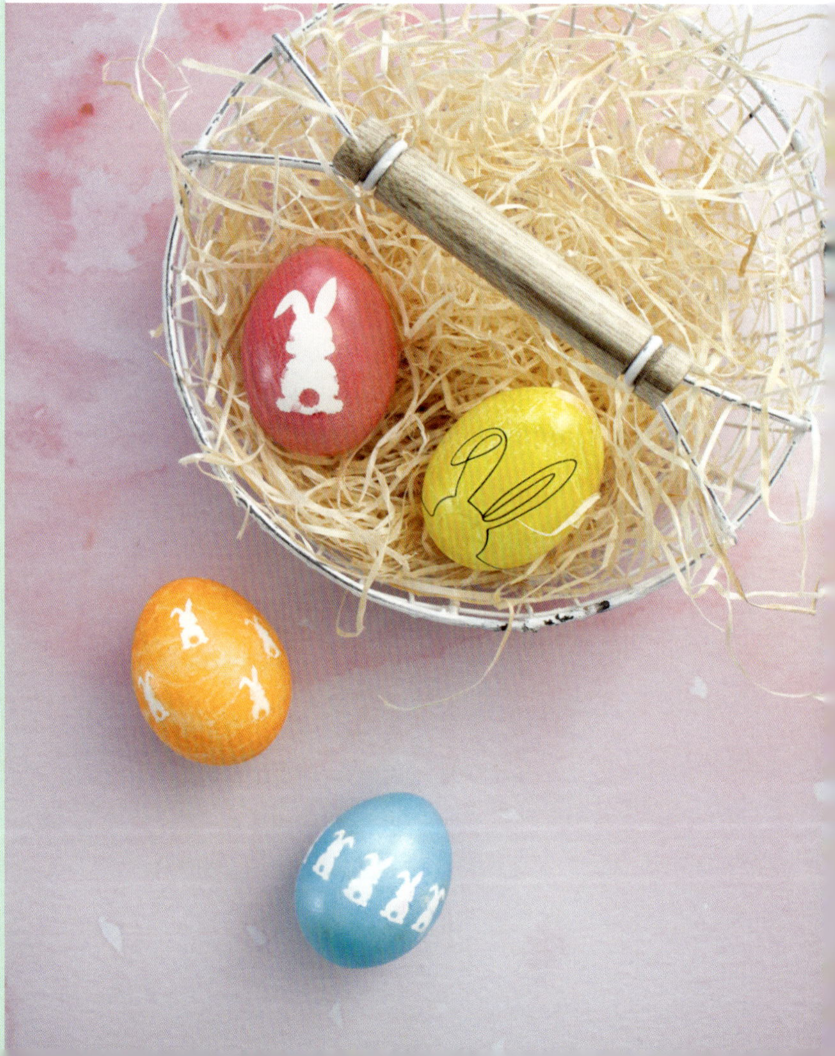

So geht's

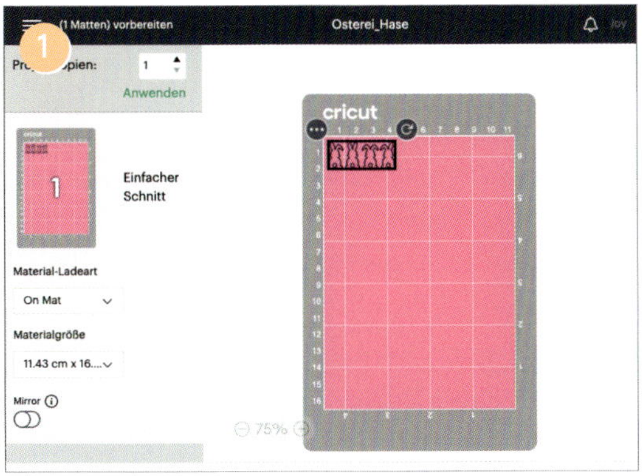

Miss zuerst die fertig gekochten Eier aus und passe die Größe der Projektdatei im Arbeitsbereich des Design Spaces an. Plotte dir die Datei anschließend aus Vinyl.

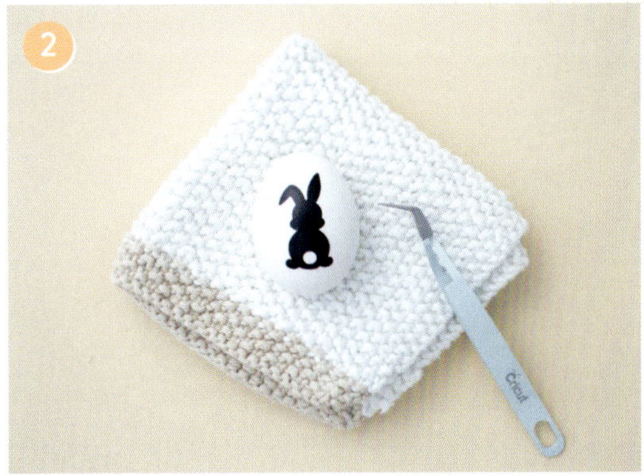

Übertrage das Motiv auf das bereits gekochte Ei und drücke das Vinyl gut an.

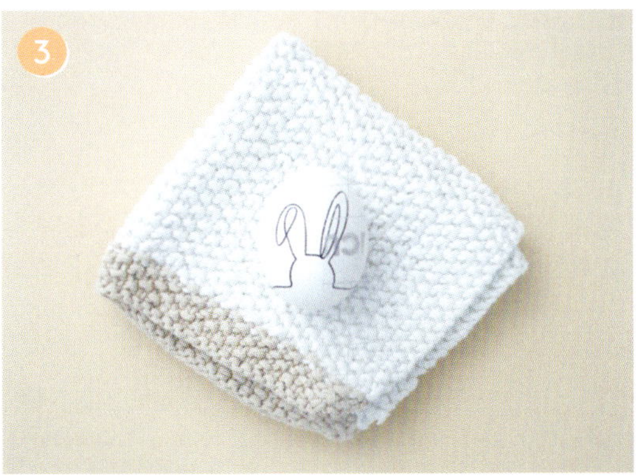

Filigrane Motive solltest du auf jeden Fall mit Transfer Tape auf das Ei übertragen. Gehe dabei wie bei den Weihnachtskugeln von Seite 49 vor.

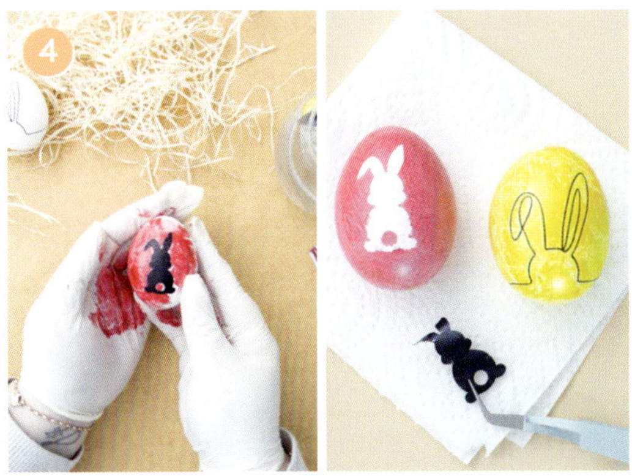

Anschließend nach Packungsanweisung der Eierfarbe arbeiten. Für dieses Projekt wurde das Ei direkt in den Händen gefärbt. Wenn die Eierfarbe getrocknet ist, können die flächigen Motive vorsichtig vom Ei abgezogen werden. Filigrane Motive können auf dem Ei verbleiben.

AUFWAND:

SCHNITT:
2 Minuten

ARBEITSZEIT:
45 Minuten

SCHNEIDEMATTE:
Standard Grip in Grün (11,4 x 30,5 cm)

SCHNITTEINSTELLUNG:
Iron On

MATERIAL:
- Easy Press/Easy Press mini
- Entgitterungswerkzeug
- Wärmetransfermatte
- Schere
- Heißkleber
- Cricut-Joy-Klinge
- Iron On
- Jutestoff, 12 x 36 cm
- Juteschnur, 50 cm lang
- Metallring in Gold, Ø 30 cm
- Dekoband, 4 cm breit, 120 cm lang
- Eukalyptuszweige
- Bindedraht
- Backpapier

Willkommens-schild

Gäste herzlich willkommen! Dieses selbst gemachte Willkommensschild kann je nach Jahreszeit unterschiedlich geschmückt werden.

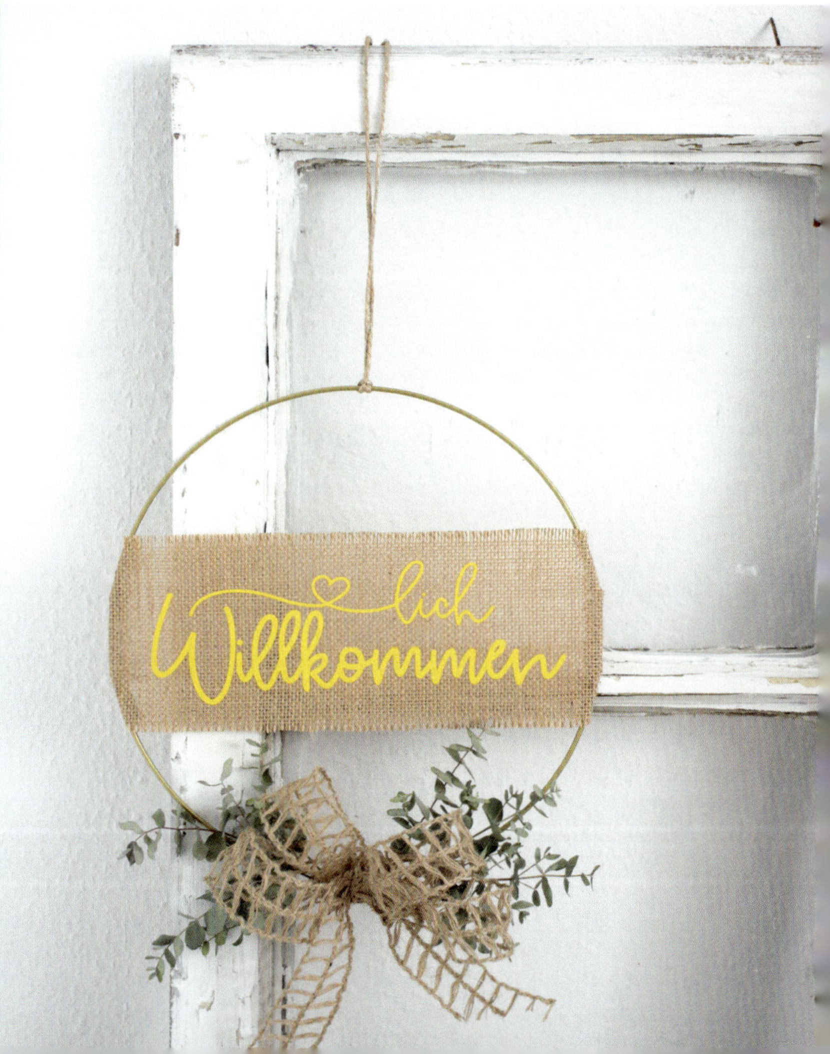

So geht's

ACHTUNG
Iron-On-Motiv vor der Herstellung spiegeln.

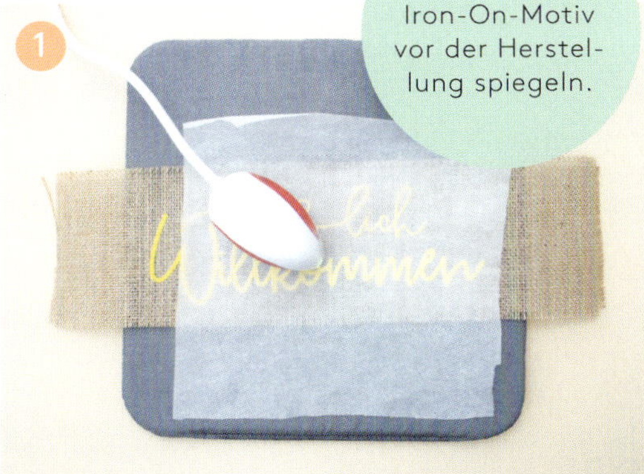

Schneide die Vorlage aus und entgittere das Motiv mit dem Entgitterungswerkzeug. Heize die Press auf 170 Grad und 20 Sekunden vor. Bei der Easy Press mini ist das Stufe 3. Lege den Jutestoff auf die Wärmetransfermatte. Platziere das Iron-On-Motiv und decke die Folie mit Backpapier ab. Presse mit leichtem Druck 20 Sekunden.

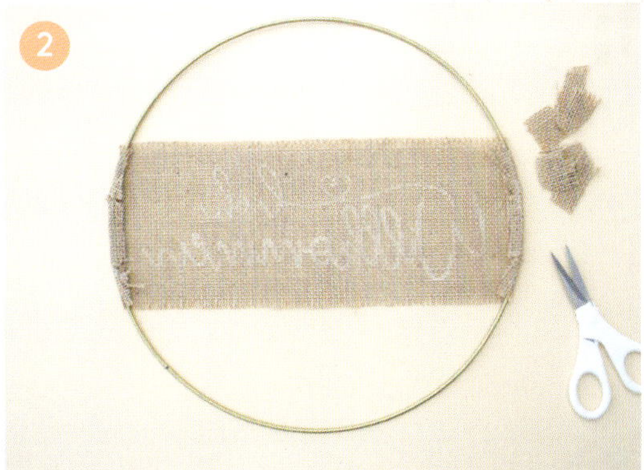

Nach dem Auskühlen kannst du die Trägerfolie abziehen. Wende den Jutestoff. Platziere den Metallring mittig auf dem Motiv und schneide die Seiten mit einer scharfen Schere 2 cm tief ein. Befestige danach die Enden mit Heißkleber am Metallring. Kürze dann die Enden mit der Schere ein.

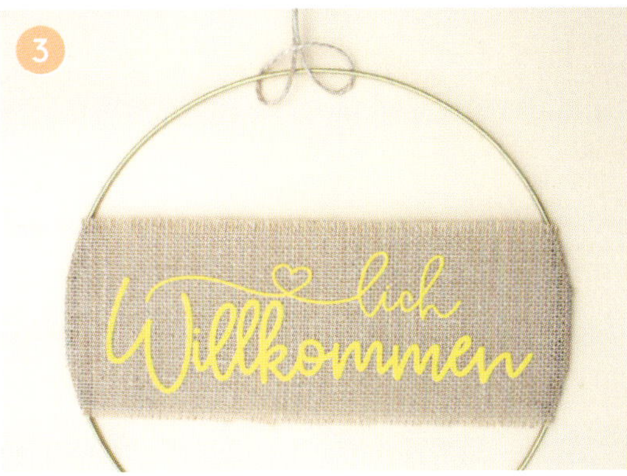

Nimm dir die Juteschnur und befestige sie oben am Metallring.

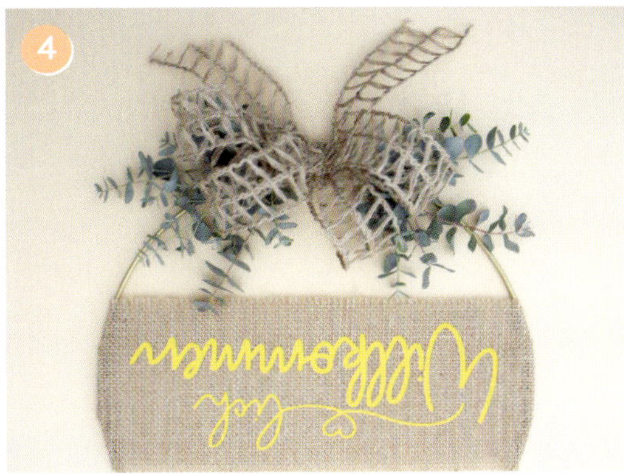

Bündle jetzt zwei kleine Sträuße aus Eukalyptus. Diese fixierst du mit Bindedraht mittig am unteren Teil des Rings, eins links und eins rechts. Dann nimmst du das 120 cm lange Dekoband und legst es 2 x zu einer Acht zusammen. Fixiere es mit Bindedraht zwischen den beiden Eukalyptusbündeln.

Wine Bag Cheers

Du möchtest eine Flasche Wein verschenken, aber keine 08/15-Verpackung verwenden? Mit der selbst gestalteten Wine Bag wird auch eine Flasche Wein zum Highlight. Cheers!

AUFWAND:

●○○

SCHNITT:

5 Minuten

ARBEITSZEIT:

20 Minuten

SCHNEIDEMATTE:

Standard Grip in Grün

SCHNITTEINSTELLUNG:

Infusible-Ink-Sheet

MATERIAL:

Easy Press 2

Wärmetransfermatte

Cricut-Joy-Klinge

Infusible-Ink-Sheets deiner Wahl

Wine Bag

Backpapier

Pappe

ACHTUNG

Wichtige Einstellung vor der Herstellung: Spiegeln nicht vergessen!

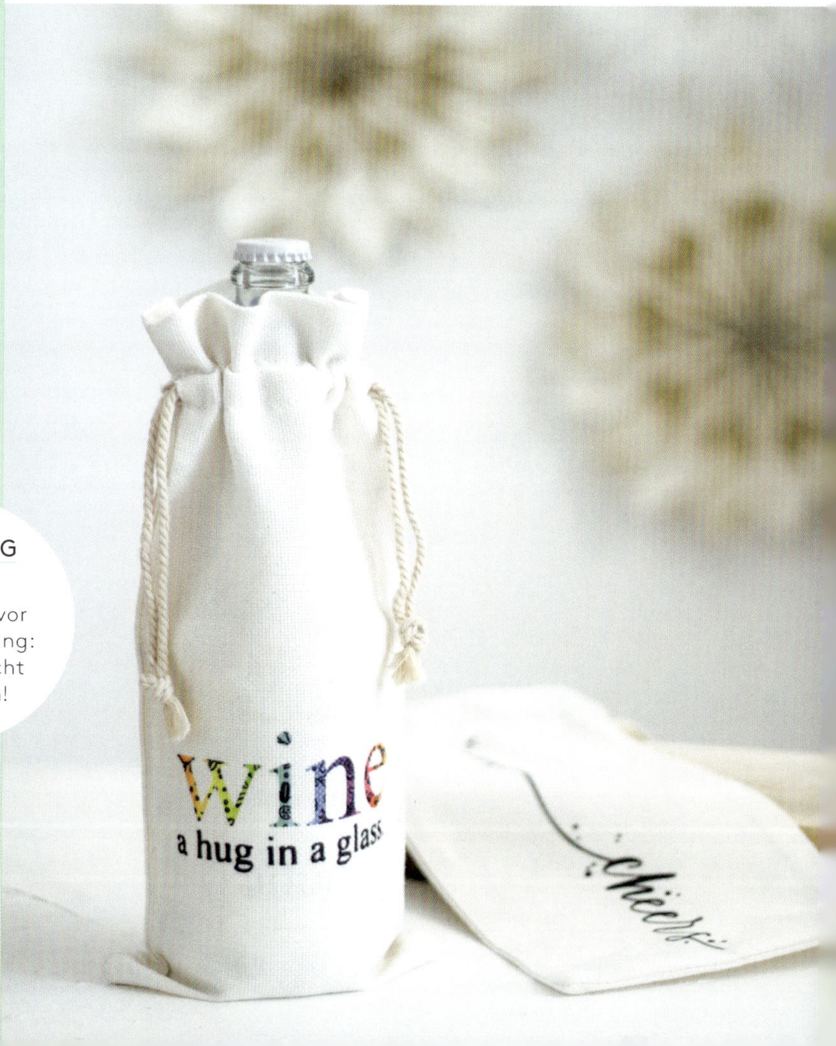

So geht's

1 Lade die Projektdatei in den Design Space hoch und schneide sie mit deinem Cricut Joy aus.

2 Entgittere anschließend das Motiv. Achte darauf, die Farbschicht des Infusible-Ink-Sheets nicht zu beschädigen.

3 Heize deine Easy Press auf 195 Grad auf und stelle den Timer auf 60 Sekunden.
Platziere währenddessen die Wine Bag auf der Wärmetransfermatte und bügle die Tasche für 5 Sekunden vor.

4

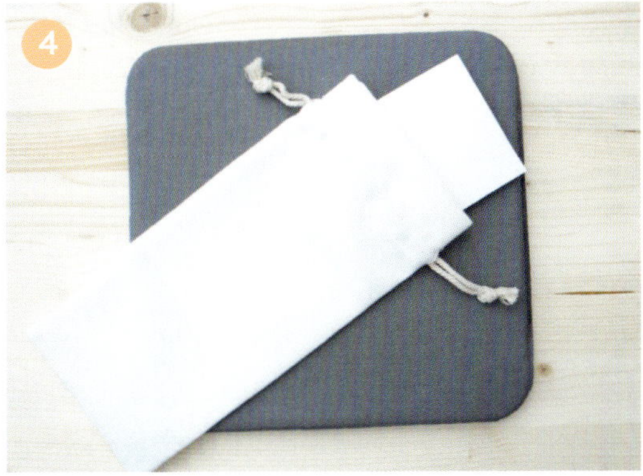

Schiebe ein Stück Pappe in die Wine Bag hinein. Das verhindert, dass Farbe vom Druck auf die andere Seite durchdrückt.

TIPP

Um die optimale Stelle für die Datei zu finden, platziere zuvor eine Flasche in der Wine Bag und miss dir die Stelle für deinen Plott mit einem Lineal aus.

5

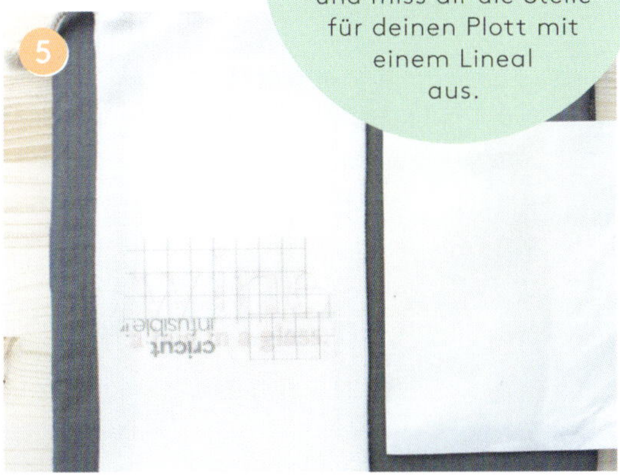

Jetzt kannst du die entgitterte Datei auf deiner Wine Bag platzieren. Danach legst du ein Stück Backpapier darüber.

6

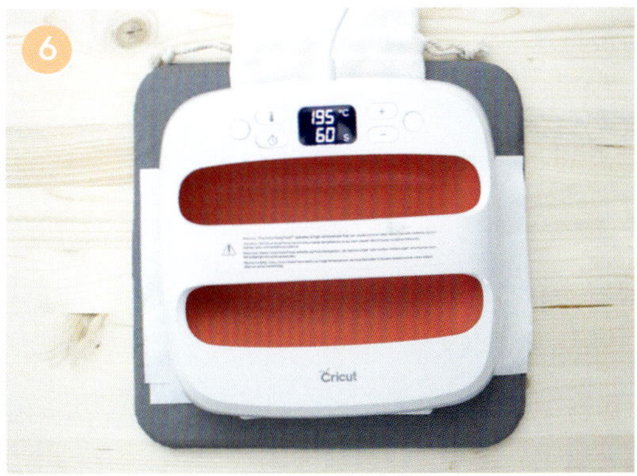

Mit leichtem Druck kannst du jetzt das Motiv mithilfe der Easy Press auf die Wine Bag übertragen.

Im Anschluss lässt du die Tasche abkühlen. Dann kann das Infusible-Ink-Sheet entfernt werden.

AUFWAND:

●●○

SCHNITT:

5 Minuten

ARBEITSZEIT:

20 Minuten

SCHNEIDEMATTE:

Standard Grip
in Grün

SCHNITTEINSTELLUNG:

Vinyl – permanent

MATERIAL:

Entgitterungswerkzeug

Schaber

Cricut-Joy-Klinge

Vinyl – permanent

Transfer Tape

Handyhülle transparent

Smarte Handyhülle

Verwechslung unmöglich – die ist meine. In dieser Anleitung zeige ich dir, wie du deine Handyhülle ganz leicht mit Vinyl verschönern und individualisieren kannst.

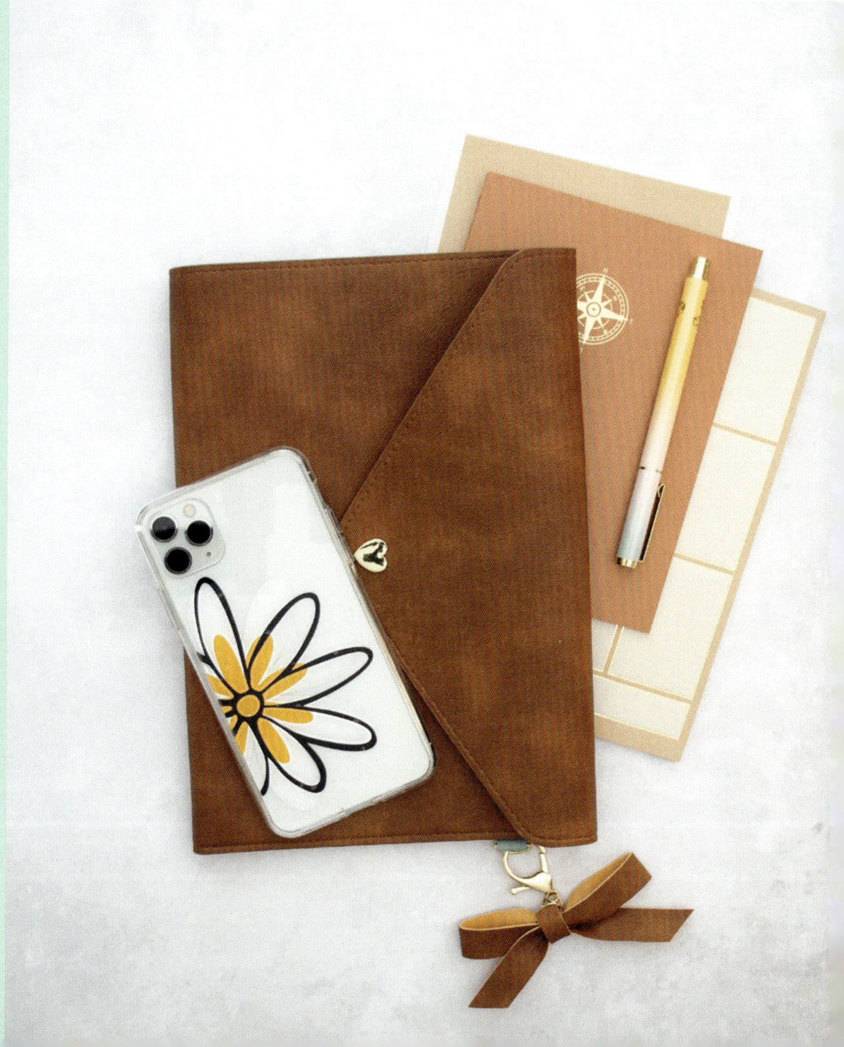

So geht's

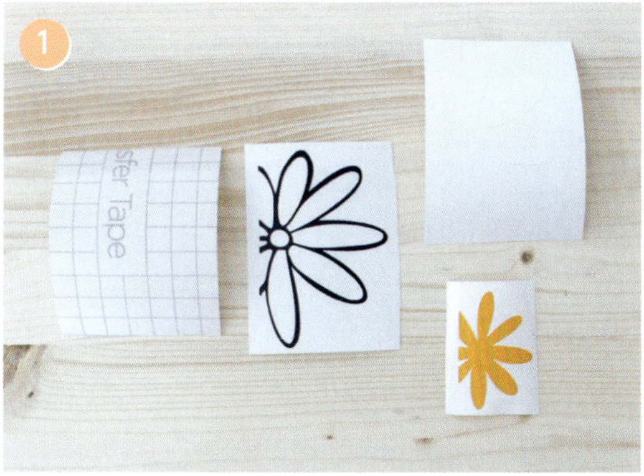

Schneide die Vorlagen mit dem Cricut Maker aus und entgittere die einzelnen Motive mithilfe des Entgitterungswerkzeugs.

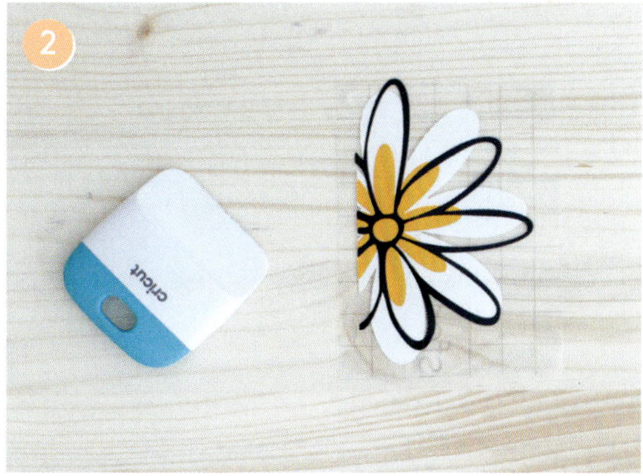

Anschließend überträgst du mit dem Transfer Tape zuerst die große, volle Blüte auf die kleine, volle Blüte. Beides wird anschließend auf die große, ungefüllte Blüte aufgeklebt.

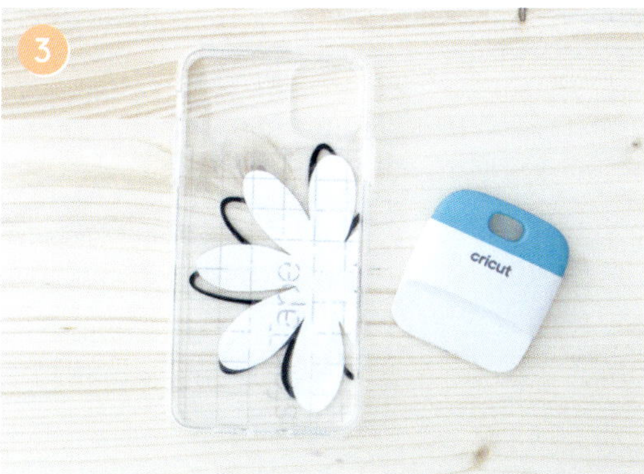

Jetzt klebst du die Blüte auf die Innenseite deiner Handyhülle. Je nach Geschmack links oder rechts. Mit dem Schaber wird die Blume gut angedrückt. Für die Ecken kannst du auch eine Münze oder Ähnliches verwenden.

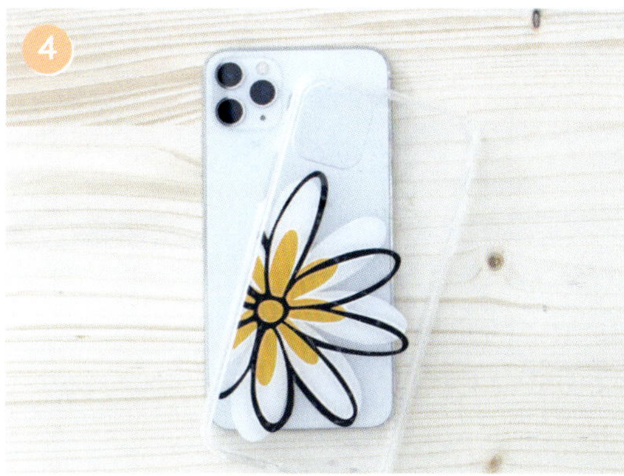

Löse die Übertragungsfolie ab und schaue, ob du alles gut angedrückt hast. Wenn nicht, nochmal nacharbeiten.

AUFWAND:

●○○

SCHNITT:

2 Minuten pro Etikett

ARBEITSZEIT:

20 Minuten

SCHNEIDEMATTE:

Standard Grip
in Grün

SCHNITTEINSTELLUNG:

Vinyl

MATERIAL:

Schaber

Werkzeug zum Entgittern

Lineal

Cricut-Joy-Klinge

Vinyl in 2 unterschiedlichen Farben

Transfer Tape

Leere Glasgefäße mit Deckel

Nützliche Etiketten

Adieu, ihr quietschbunten Flaschen in Bad und Küche! Für die einheitliche und schöne Organisation von Reinigungs- und Badartikeln gibt es hier viele verschiedene geletterte Etiketten für dich.

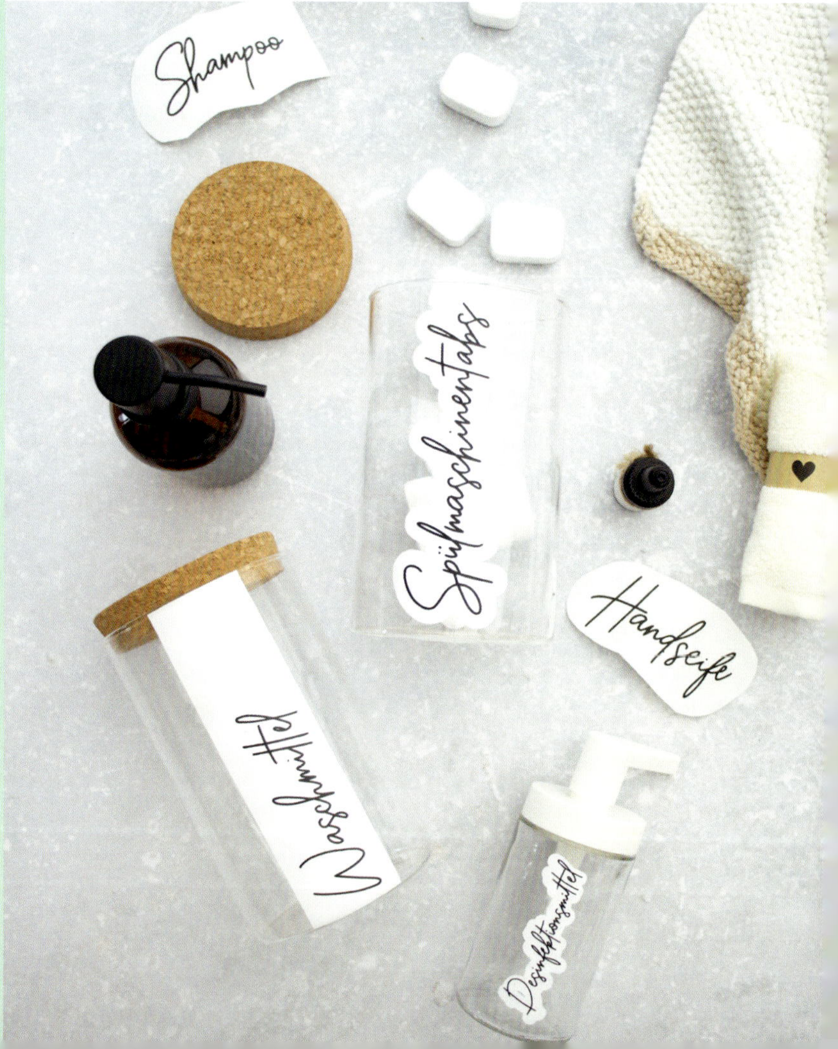

So geht's

ACHTUNG
Du kannst deine Etiketten auch mit der Off-Set-Funktion herstellen.

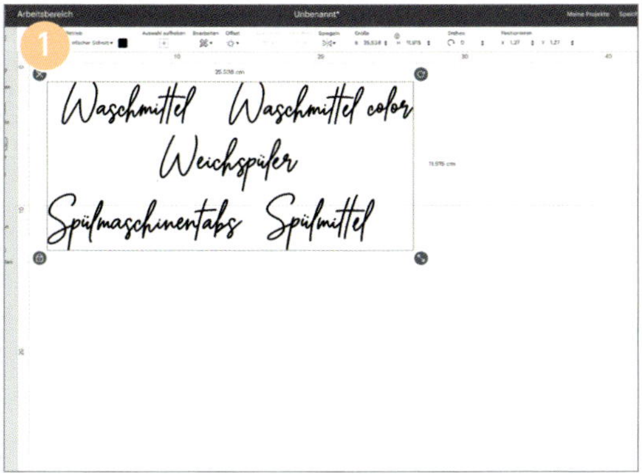

Lade die Projektdatei in den Design Space und zerlege die Datei. Lösche alle nicht benötigten Teile aus dem Arbeitsbereich heraus.

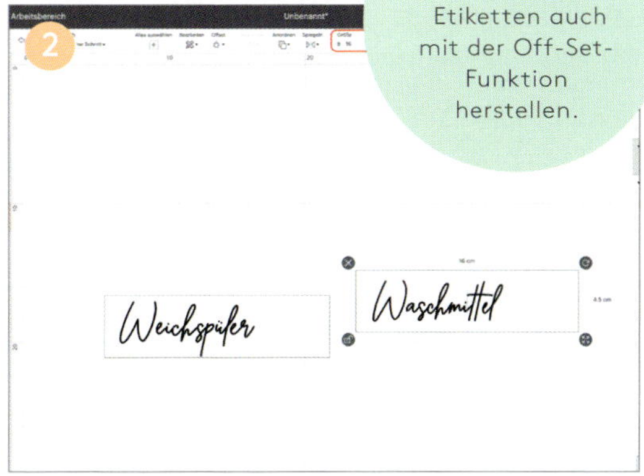

Miss die Höhe des zu beschriftenden Gefäßes aus. Hier hat das Gefäß eine Höhe von 16 cm. Füge ein Quadrat in deinen Arbeitsbereich ein und ändere die Größe. Die Breite des Quadrats sollte ein paar Millimeter größer als der Schriftzug sein und so lang wie die Höhe deines Gefäßes. Anschließend färbst du es in einer beliebigen Farbe ein.

3 Jetzt können die Etiketten und die Beschriftung von deinem Cricut Joy ausgeschnitten werden.

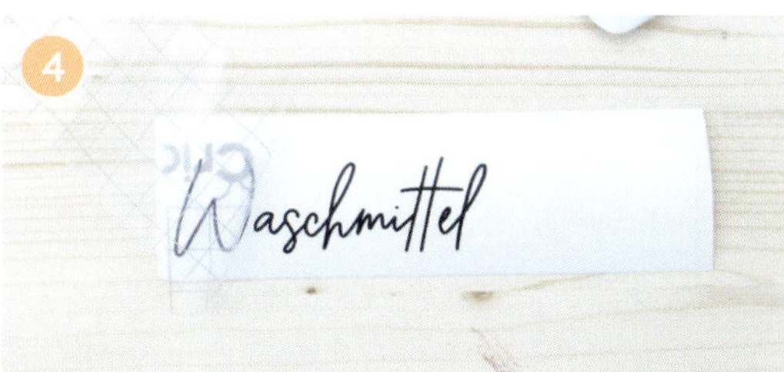

Nach dem Entgittern der einzelnen Elemente wird der Schriftzug mithilfe des Transfer Tapes auf das Etikett übertragen.

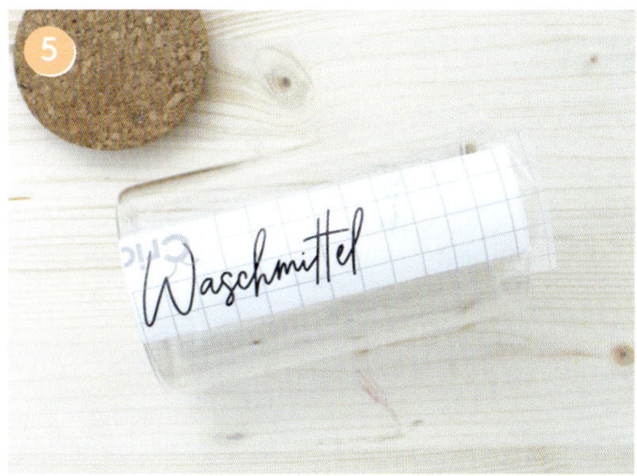

Platziere das Etikett mit dem Transfer Tape auf dem Glas und streiche es mit dem Schaber glatt. Entferne das Transfer Tape.

AUFWAND:

●○○

SCHNITT:

5 Minuten

ARBEITSZEIT:

30 Minuten

SCHNEIDEMATTE:

Standard Grip
in Grün (11,4 x 30,5 cm)

SCHNITTEINSTELLUNG:

Iron On

MATERIAL:

Easy Press oder Bügeleisen

Wärmetransfermatte oder Handtuch

Werkzeug zum Entgittern

Cricut-Joy-Klinge

Iron On

Jutetasche

Altpapier

Backpapier

Jute-tasche

Gestalte dir deine eigenen Taschen für den Einkaufsbummel oder den Marktbesuch in der Stadt und setze dabei ein Statement.

ACHTUNG

Wichtige Einstellung vor der Herstellung: Spiegeln nicht vergessen!

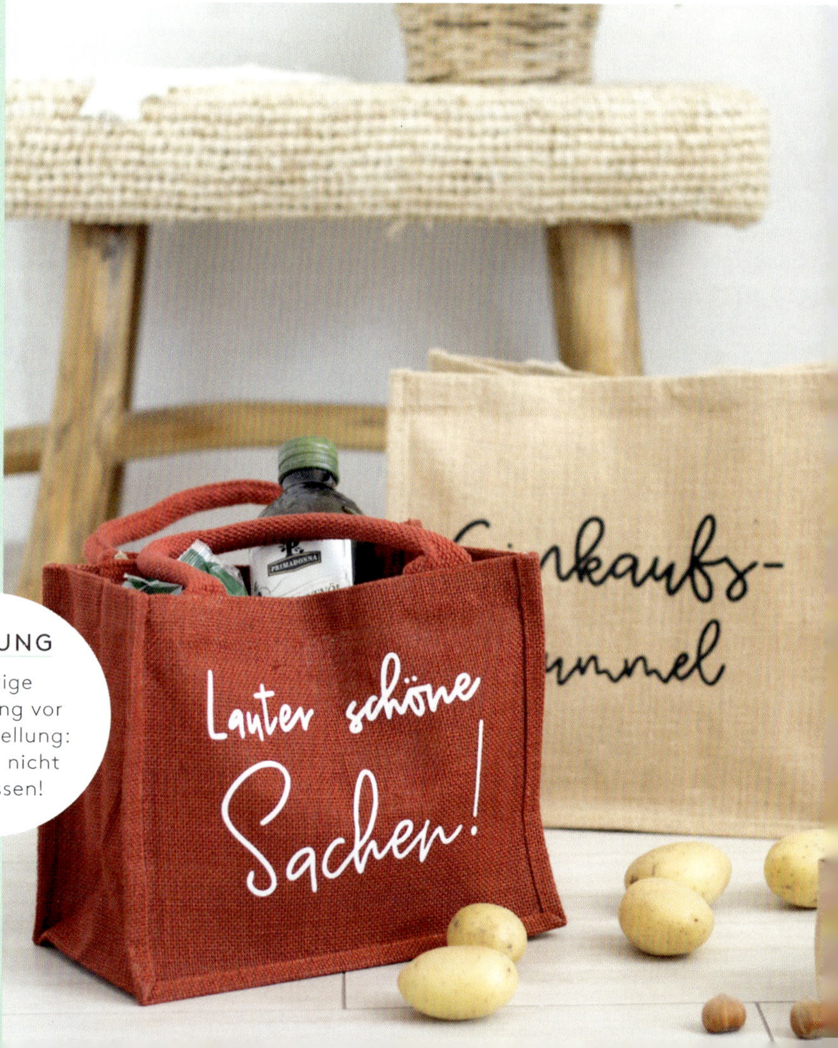

So geht's

1. Passe zuerst die Vorlagengröße im Design Space an deine Jutetasche an, indem du mit einem Lineal die gewünschte Größe ermittelst.
2. Plotte und entgittere das Motiv für deine Tasche.

3

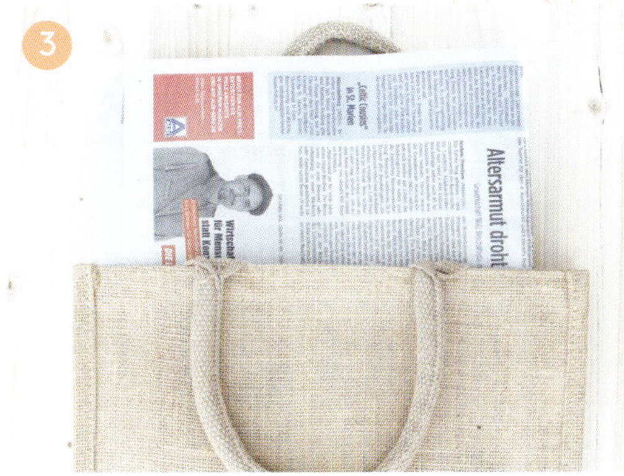

Bereite dir die Jutetasche zum Aufbügeln der Datei vor. Dafür benötigst du das Altpapier. Schiebe es in die Tasche. Das ist besonders wichtig, da die Jutetasche innen beschichtet ist. Ohne einen Zwischenboden würden Vorder-vund Rückseite durch die Hitze miteinander verkleben.

4

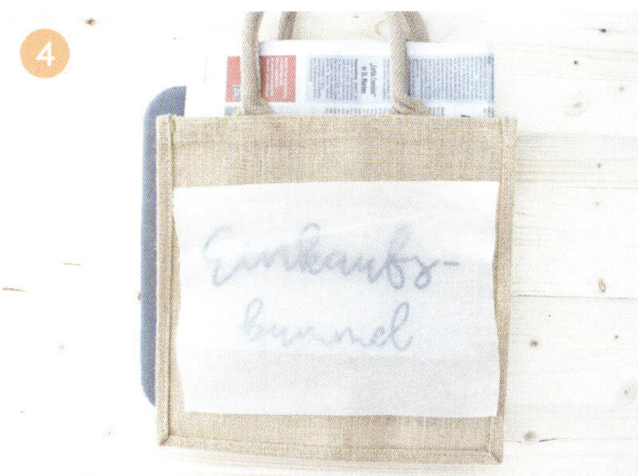

Lege die Wärmetransfermatte auf deine Arbeitsfläche und lege die Tasche darauf. Platziere deinen vorbereiteten Schriftzug. Abschließend folgt eine Lage Backpapier. Heize die Easy Press oder das Bügeleisen auf 155 Grad vor.

5

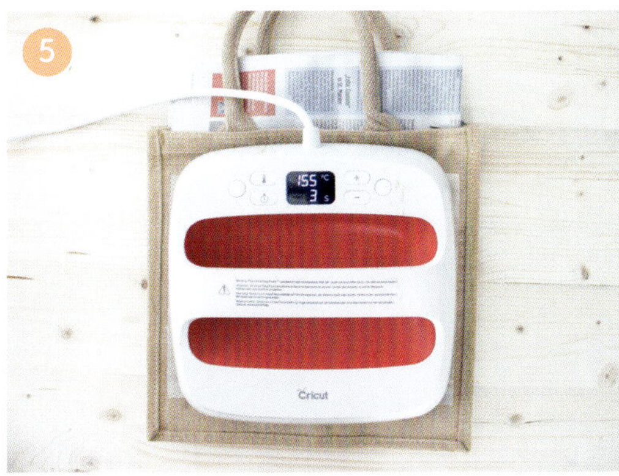

Presse mit mittlerem Druck für 30 Sekunden mit Backpapier über dem Motiv, dabei nicht hin- und herrutschen. Abkühlen lassen und die Folie vorsichtig abziehen. Wiederholen, wenn es noch nicht haftet. Nach dem Auskühlen die Transferfolie behutsam abziehen, dann 15 Sekunden mit Backpapier pressen.

Kürbisse dekorieren

Eine Herbstdeko ohne Kürbisse? Undenkbar! Verschönere deine Kürbisse mit den Vorlagen ganz individuell und mache sie so zu etwas Besonderem!

AUFWAND:

●●○

SCHNITT:

5 Minuten

ARBEITSZEIT:

40 Minuten

SCHNEIDEMATTE:

Standard Grip
in Grün (11,4 x 30,5 cm)

SCHNITTEINSTELLUNG:

Vinyl – permanent

MATERIAL:

Schaber

Cricut-Joy-Klinge

Vinyl – permanent
in Grün, Blau, Gelb,
Pink und Schwarz

Transfer Tape

Kürbis

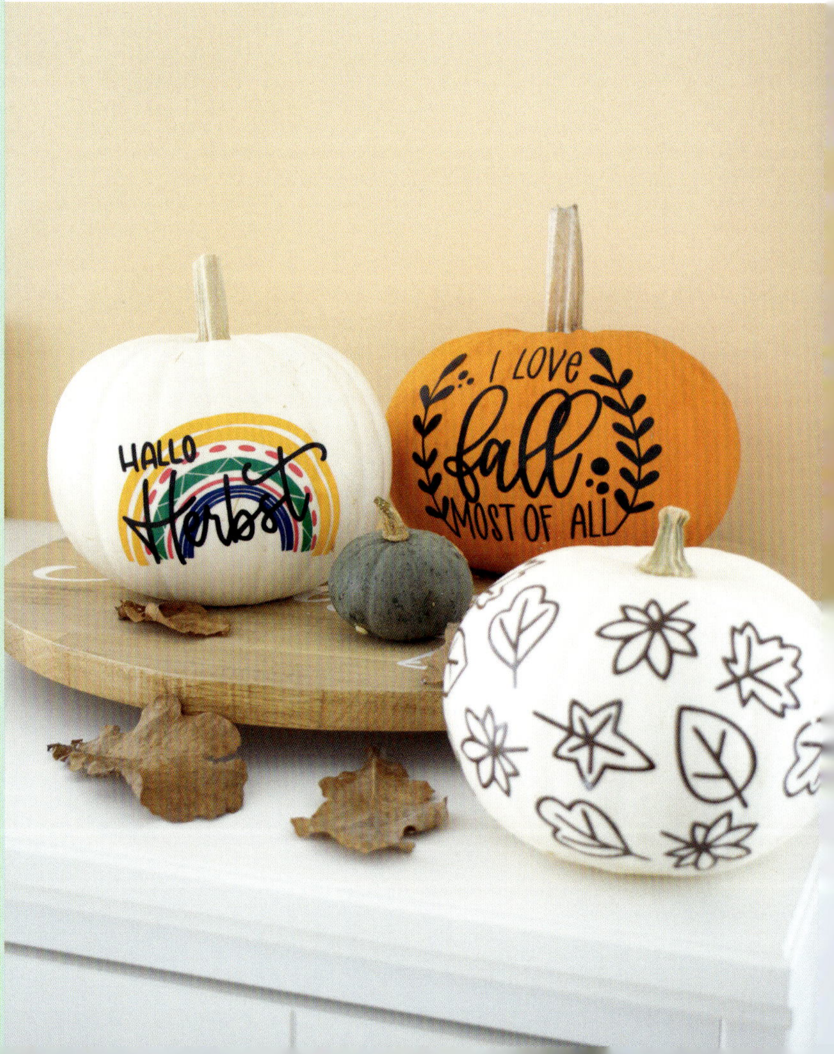

So geht's

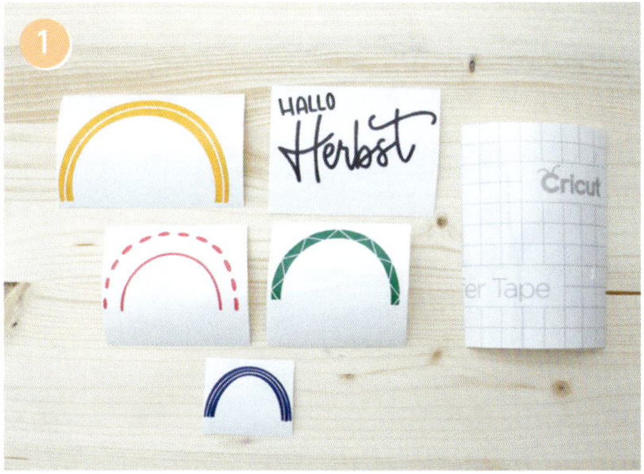

Lade die Projektdatei in den Design Space und passe die Dateigröße an deinen Kürbis an. Schneide und entgittere die einzelnen Elemente.

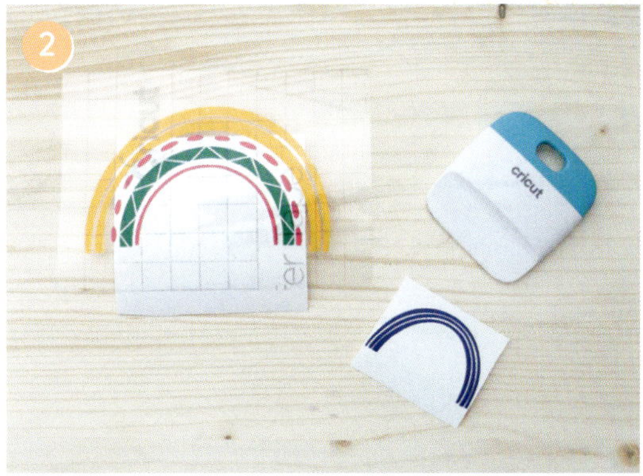

Füge nun die einzelnen Motivteile mithilfe des Tranfer Tapes zusammen.

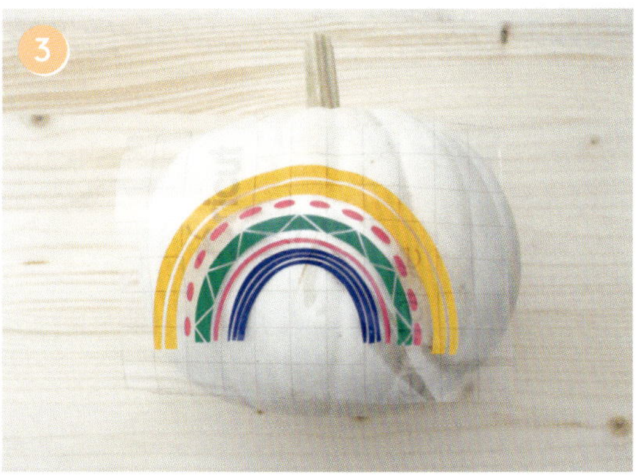

Reinige deinen Kürbis gründlich. Nachdem dieser getrocknet ist, platzierst du den Regenbogen auf dem Kürbis. Drücke ihn gut an und ziehe die Übertragungsfolie vorsichtig ab.

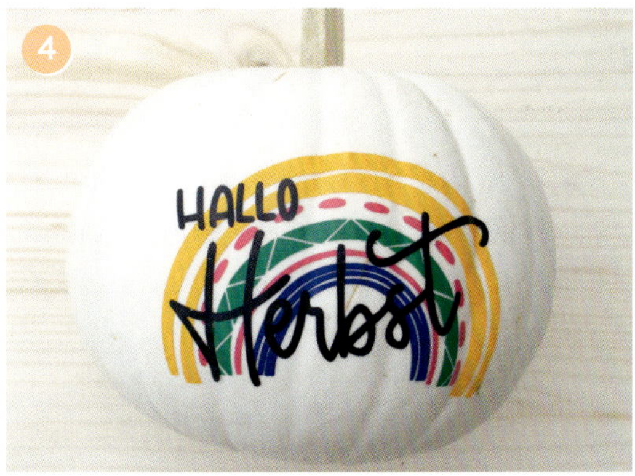

Anschließend überträgst du das Lettering mithilfe des Tranfer Tapes auf den Kürbis und entfernst die Folie.

Immerfrischer Blumenkranz

AUFWAND:

●○○

SCHNITT:

5 Minuten

ARBEITSZEIT:

30 Minuten

SCHNEIDEMATTE:

Standard Grip in Grün (11,4 x 30,5 cm)

SCHNITTEINSTELLUNG:

Glitzerpapier

MATERIAL:

Entgitterungswerkzeug

Cricut-Joy-Klinge

Glitzerkarton

Stickrahmen, Ø 15 cm

Organza, 20 x 20 cm

Doppelseitiges Klebeband

Ein schlichter, funkelnder Kranz, der ganz sicher nicht verblüht. Mit einem Spruch, Statement oder Namen verziert, auch ein tolles Projekt zum Verschenken.

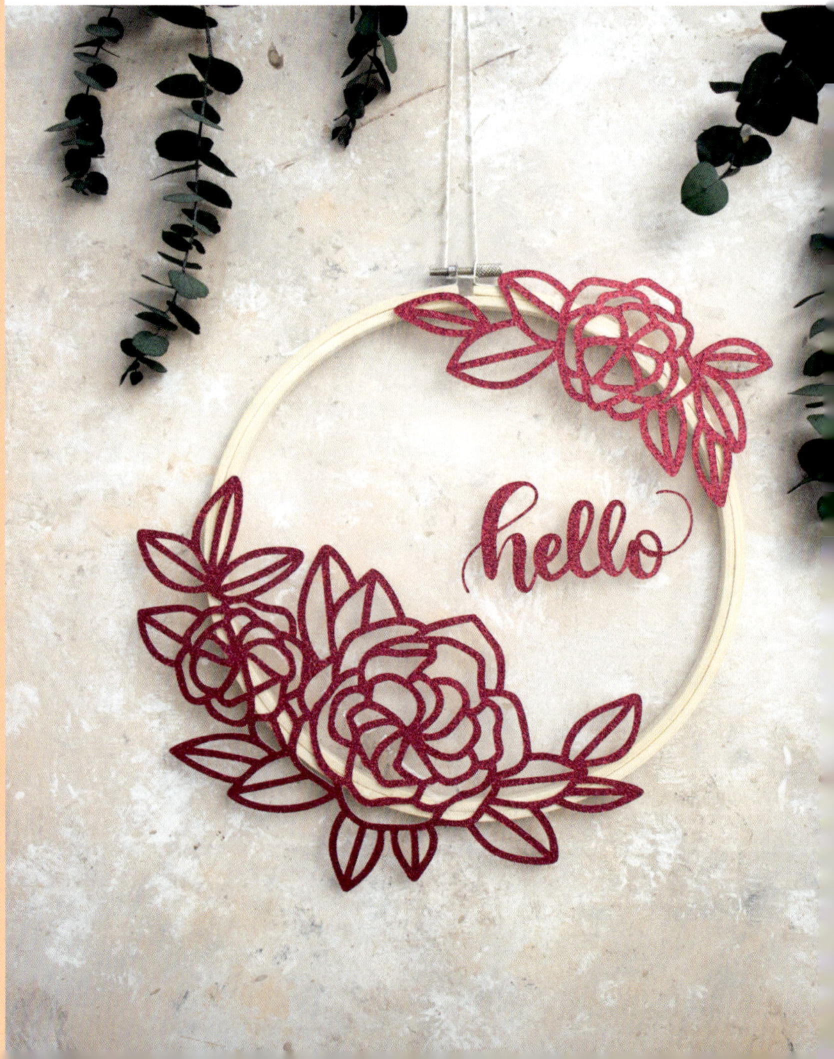

So geht's

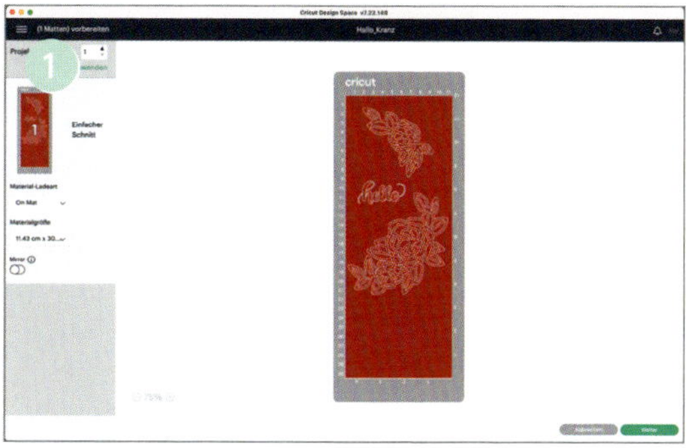

Schneide die Vorlagen mit dem Cricut Joy aus und entgittere das Motiv mithilfe des Entgitterungswerkzeugs.

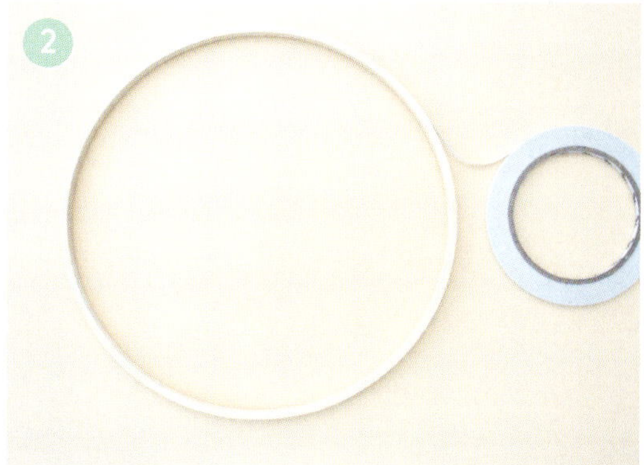

Spanne den Organza-Zuschnitt in deinen Stickrahmen. Dafür die Außenseite des inneren Rings mit doppelseitigem Klebestreifen umranden, Organza darauf platzieren und anschließend den äußeren Ring draufsetzen und wieder festschrauben.

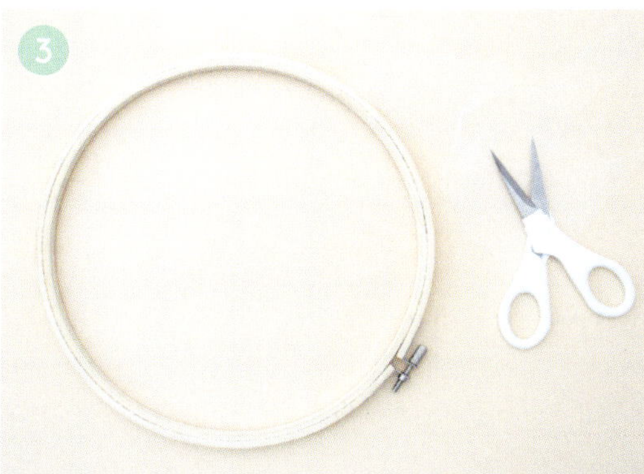

Den überstehenden Stoff auf der Rückseite des Stickrahmens kannst du abschneiden.

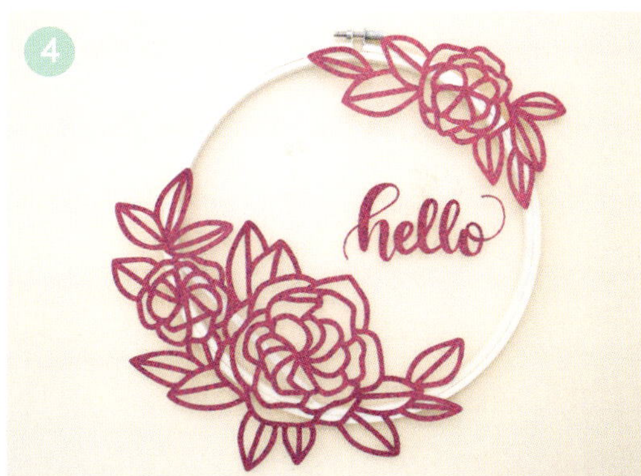

Jetzt kannst du auf der Rückseite des Glitzerpapiers ein paar Streifen doppelseitiges Klebeband aufbringen und es damit auf dem Stickrahmen platzieren. Anschließend vorsichtig andrücken.

Geschenkanhänge Weihnachten

Alle Jahre wieder … Damit die Geschenke auch ja nicht vertauscht werden, kannst du deine Geschenkanhänger gleich individualisieren und mit deinem Plotter ausschneiden.

AUFWAND:

●○○

SCHNITT:

15 Minuten

ARBEITSZEIT:

30 Minuten

SCHNEIDEMATTE:

Standard Grip in Grün (11,4 x 30,5 cm)

SCHNITTEINSTELLUNG:

Farbkarton mittelschwer

MATERIAL:

Farbkarton (216 g/m²) in Schwarz

Musterkarton

Stift für den Cricut in Silber (Strichstärke, 1.0)

Cricut-Joy-Klinge

Satinband in Champagne, 1 cm breit

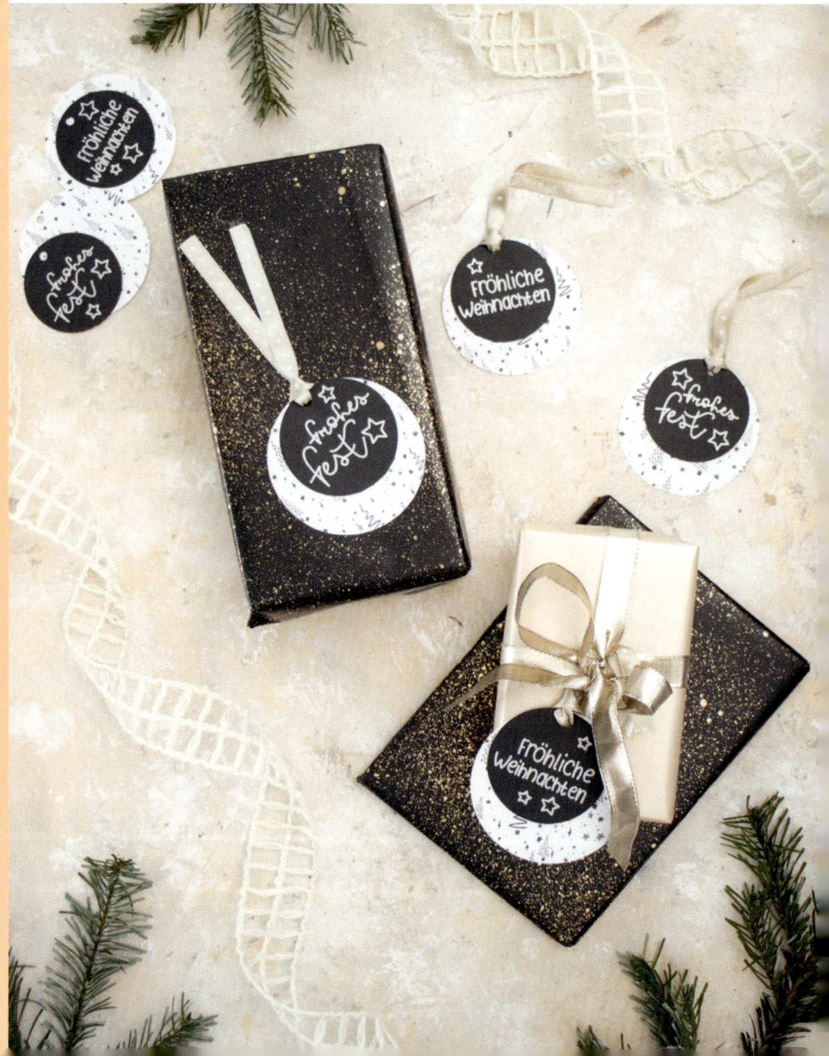

So geht's

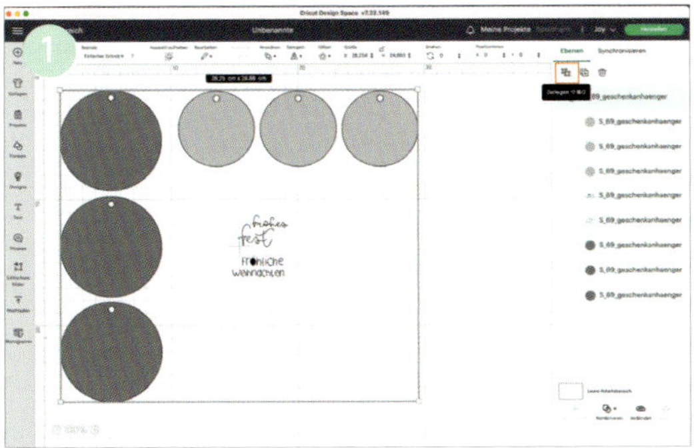

Lade die Datei in den Design Space und zerlege sie in ihre Einzelteile.

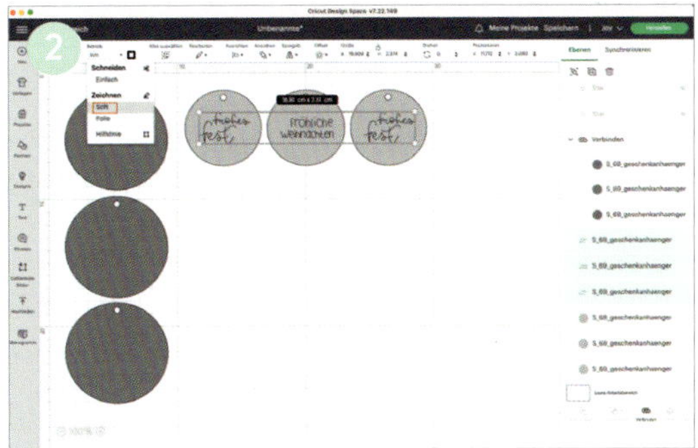

Dupliziere ein One Line Lettering, dass du 3 Stück hast. Danach werden alle One Line Letterings markiert und mit dem Befehl „Zeichnen" hinterlegt. Wähle dort den Stift mit Stärke 1,0 und eine Farbe aus.

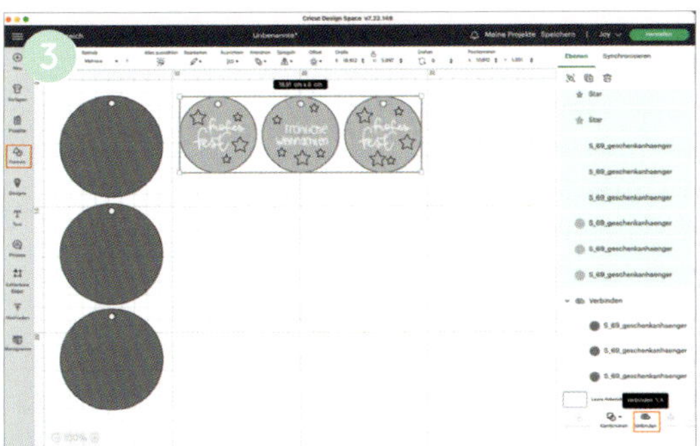

Füge noch Sterne hinzu, die du unter „Formen" findest. Markiere die kleinen Kreise, die Sterne und die One Line Letterings und verbinde alle. Dann die 3 großen Kreise markieren und verbinden. Nun kann geplottet und gezeichnet werden. Die großen Kreise aus einem passenden Musterkarton plotten.

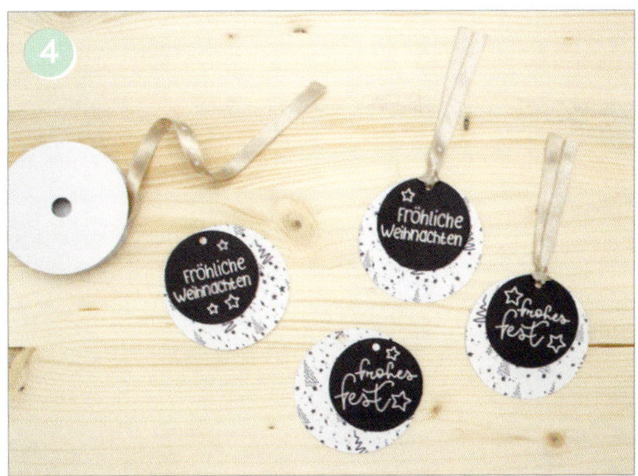

Dann die Anhänger mit Satinband zusammenbinden. Schneide 25 cm lange Bänder zu. Diese werden einmal mittig zusammengelegt und von vorne erst durch den kleinen Kreis und dann durch den großen Kreis gezogen. Die Enden des Bandes durch die Schlaufe legen und anziehen.

Kinder-krone

Eine funkelnde Krone zum Geburtstag – da fühlt sich jedes Geburtstagskind gleich ganz besonders.

AUFWAND:

●○○

SCHNITT:

10 Minuten

ARBEITSZEIT:

20 Minuten

SCHNEIDEMATTE:

Standard Grip in Grün (11,4 x 30,5 cm)

SCHNITTEINSTELLUNG:

Glitzerfarbkarton

MATERIAL:

Glitzerfarbkarton in Grün und Gelb, je 10 x 30 cm

Cricut-Joy-Klinge

Satinband in Grün, 1,5 cm breit, 70 cm lang

Flüssiger Bastelkleber

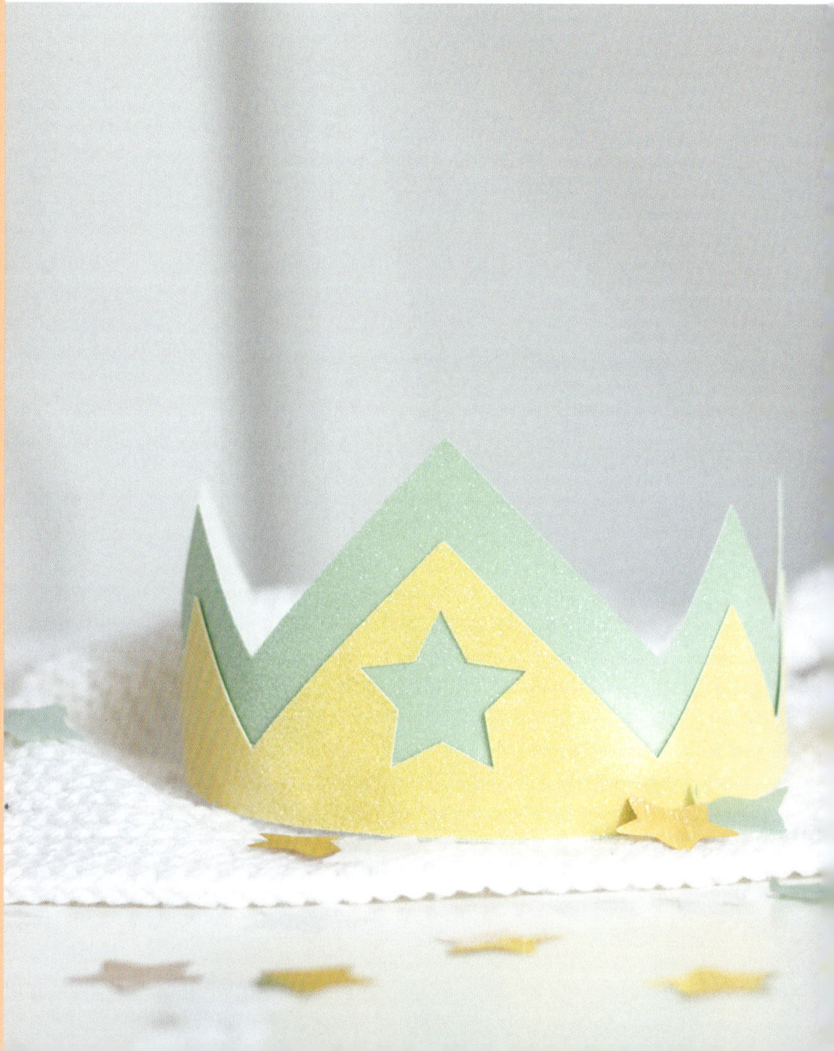

So geht's

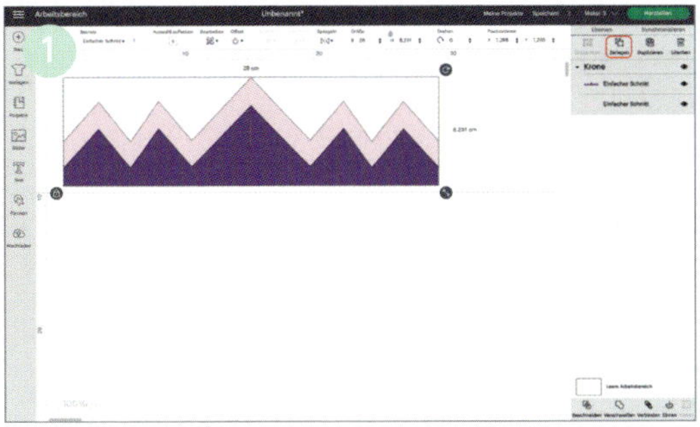

Lade die Projektdatei in den Design Space hoch und zerlege die Datei.

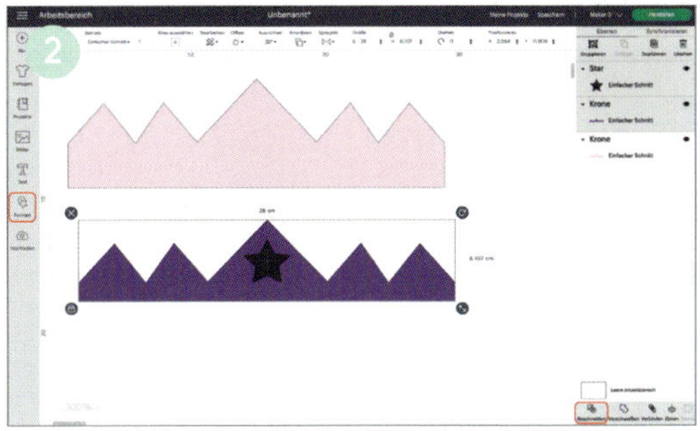

Arrangiere anschließend beide Objekte untereinander und platziere mittig auf dem lila Objekt einen 3 cm großen Stern. Diesen findest du unter „Formen".

Jetzt markierst du das lila Objekt und den Stern und wählst „Beschneiden".

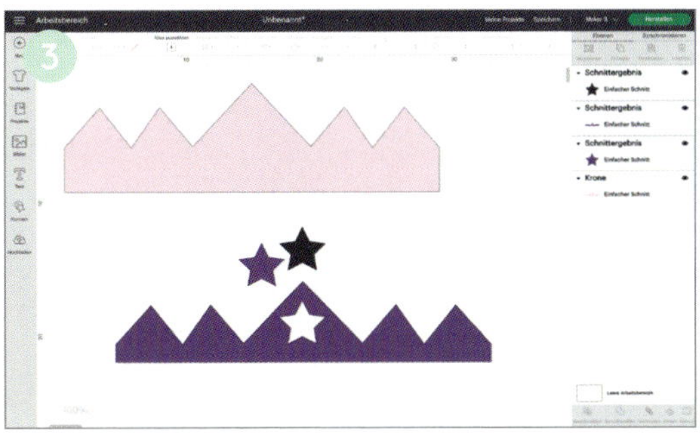

Danach kannst du die Objekte verschieben und die beiden Sterne (lila und grau) aus dem Design Space herauslöschen.

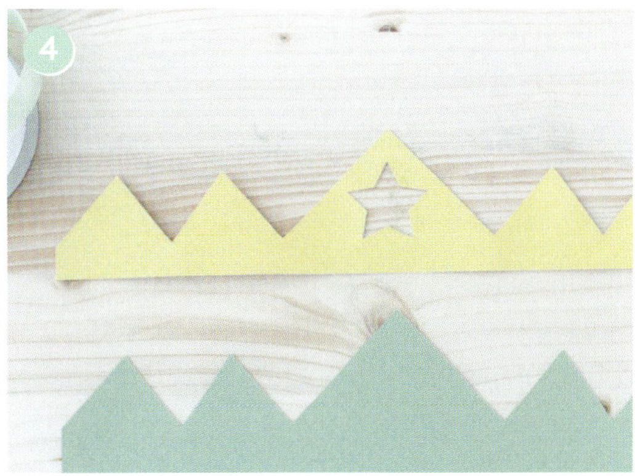

Jetzt kannst du beide Objekte auf unterschiedlichem Glitzerkarton schneiden.

Und so geht's weiter

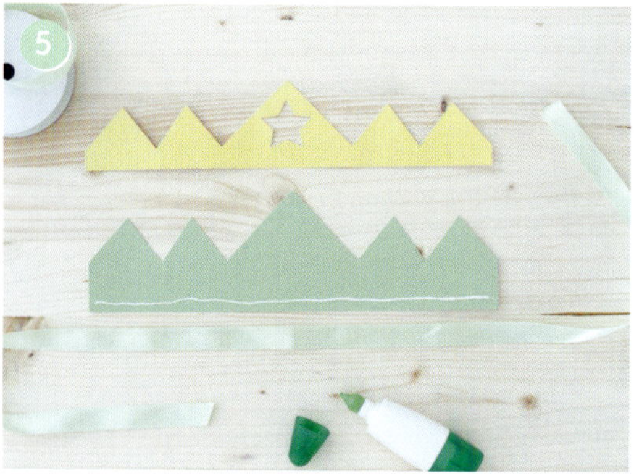

Bestreiche den unteren Rand auf der glitzernden Seite des grünen Kartons circa 1 cm breit mit Bastelkleber.

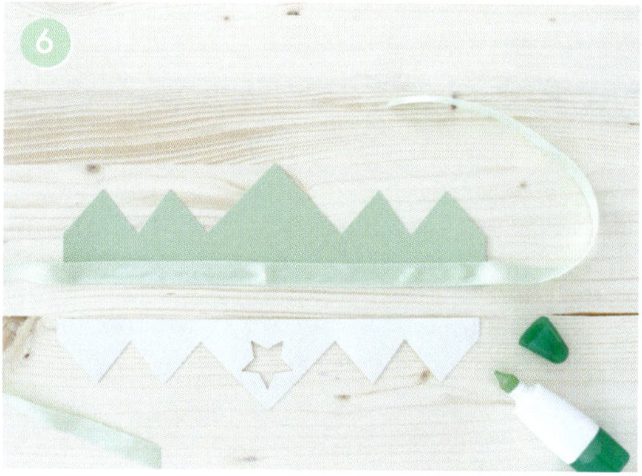

Lege das Satinband auf den Bastelkleber und drücke es leicht an. An beiden Seiten der Krone sollte das Satinband circa 20 cm lang überstehen.

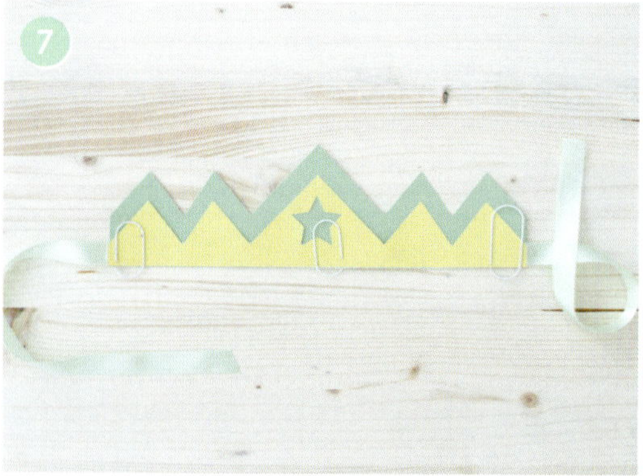

Nun kannst du die Rückseite des gelben Glitzerkartons komplett mit Bastelkleber bestreichen und auf den grünen Glitzerkarton kleben. Fixiere beide Teile mit Büroklammern und lass den Kleber gut trocknen.

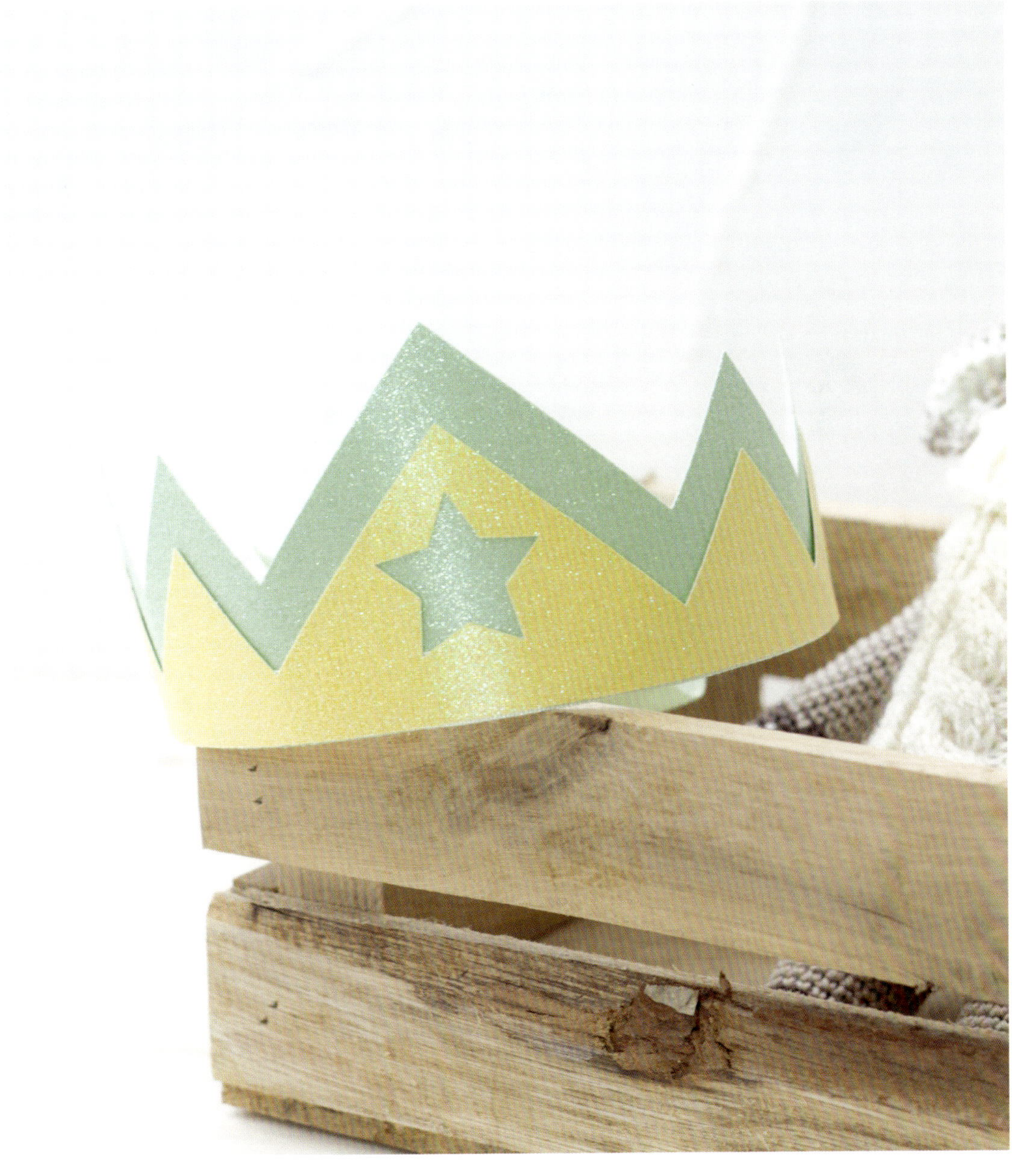

Kinderkrone

AUFWAND:

●○○

SCHNITT:

5 Minuten

ARBEITSZEIT:

5 Minuten

SCHNEIDEMATTE:

Kartenschneidematte

SCHNITTEINSTELLUNG:

Farbkarton je nach Stärke

MATERIAL:

Cricut-Joy-Klinge

Cricut-Joy-Stift

Cricut-Insert-Cards

Geburtstags-karte

Stelle individuelle mehrfarbige Cut-Out-Karten mithilfe der Kartenschneidematte her. Die praktischen Einstecklaschen machen die Fixierung des Inserts ganz einfach.

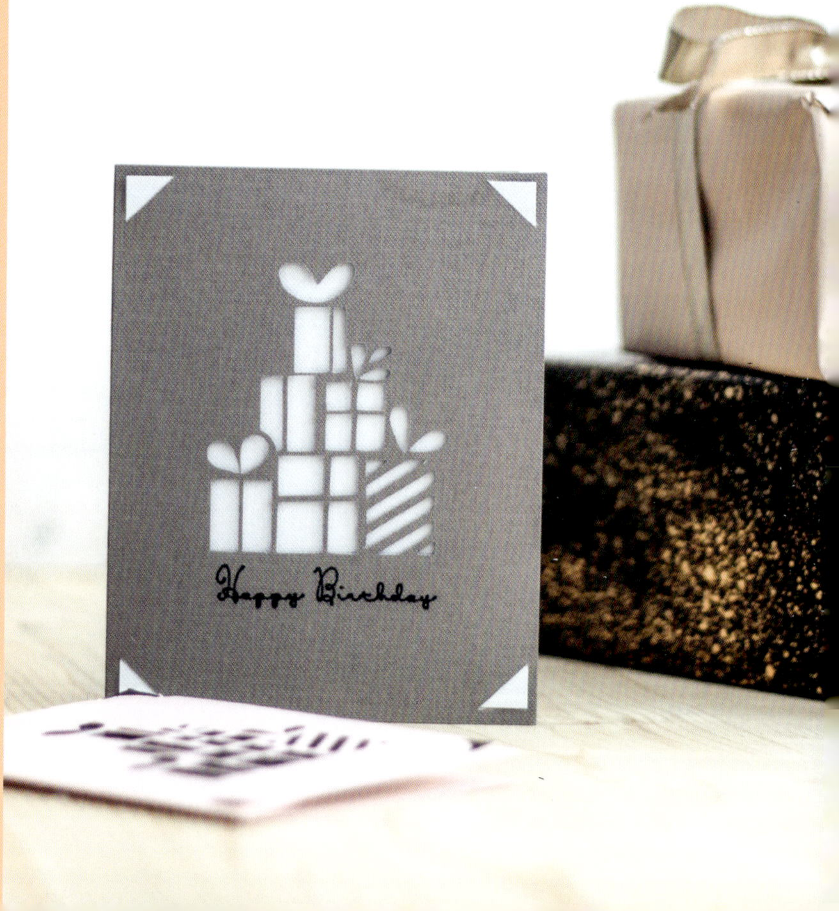

So geht's

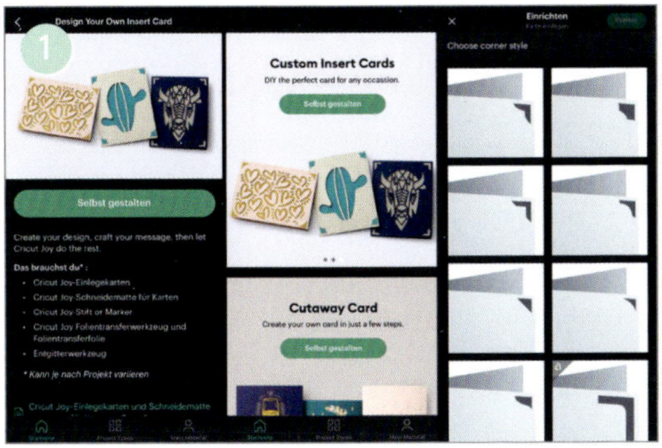

Öffne die Cricut Joy App und klicke auf den Button „Selbst gestalten". Anschließend leitet dich die App durch die Gestaltung deiner Karte. Zuerst wählst du die Einstecklaschen in den Ecken der Karte aus.

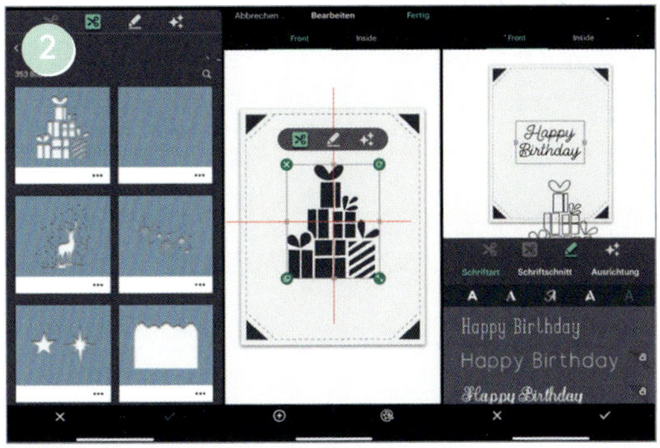

Danach folgt die Auswahl des Kartenformates und die Auswahl der Datei. Hier fügst du die Projektdatei in deinen Arbeitsbereich ein. Passe die Datei auf deiner Karte an und füge, wenn du magst, noch Text hinzu. Nun kannst du deine Karte herstellen.

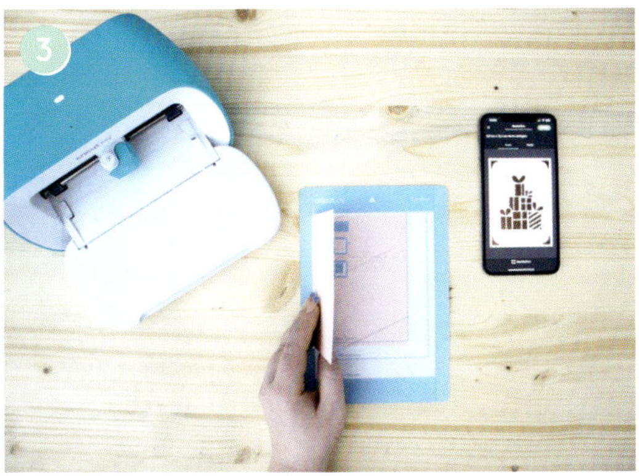

Lege deine Karte in die Kartenschneidematte ein. Achte darauf, dass du die hintere Seite der Karte unter die Klebefläche schiebst. Lege die Matte in deinen Cricut Joy ein, bis er diese von selbst einzieht, und folge den weiteren Schritten in der App.

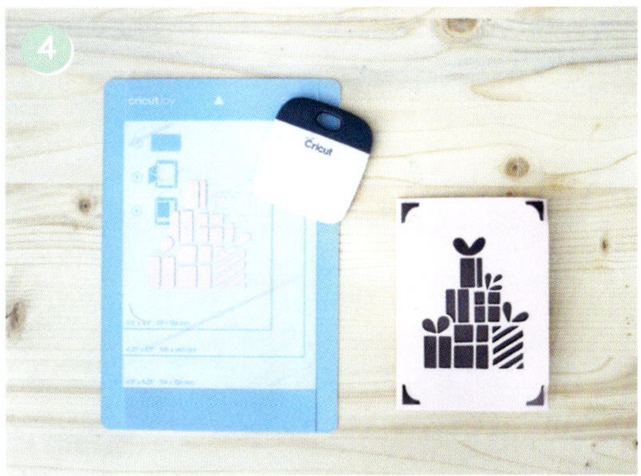

Nach dem Schnitt entfernst du die Karte vorsichtig von der Klebefläche und legst von innen das Insert ein.

Blumentöpfe aus Konserven

Alte Konserven müssen nicht im Müll landen – schenke ihnen als Übertopf für deine Lieblingspflanze ein neues Leben. Sie eignen sich auch super zum Verschenken von selbst gezogenen Ablegern.

AUFWAND:

●○○

SCHNITT:

2 Minuten

ARBEITSZEIT:

1 Stunde

SCHNEIDEMATTE:

Standard Grip in Grün

SCHNITTEINSTELLUNG:

Vinyl

MATERIAL:

Schaber

Cricut-Joy-Klinge

Vinyl – permanent

Transfer Tape

Moosgummi, 2 mm in A4

Konservendosen, Ø 8–14 cm

Acrylfarbe in Weiß

Sekundenkleber

Pinsel

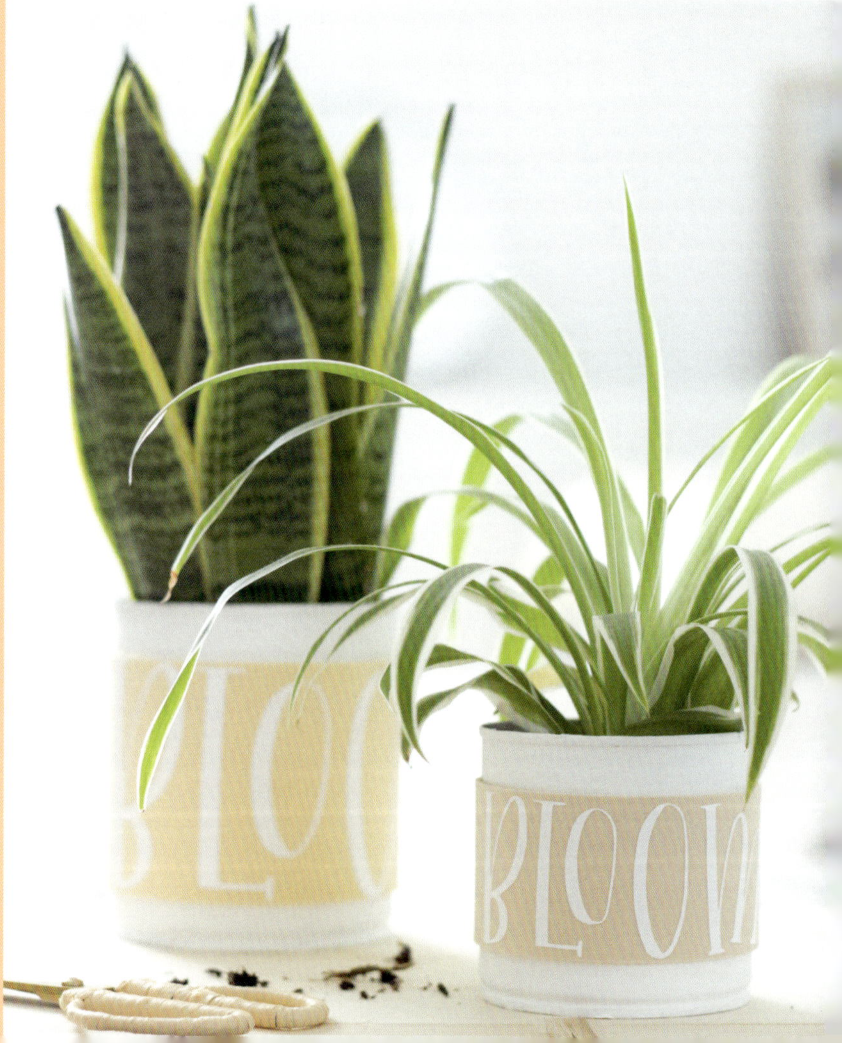

So geht's

1 Lade die Datei für dein Upcycling-Projekt in den Design Space hoch. Schneide die Datei mit deinem Cricut Joy aus Vinyl aus.

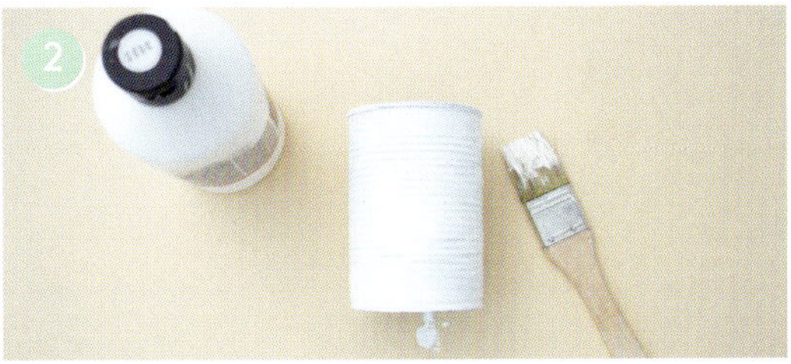

Trage die Acrylfarbe mit einem Pinsel auf die Konservendose auf. Die Farbe im Anschluss gut trocknen lassen.

3 Schneide ein Moosgummi-Rechteck mit den Maßen 28 x 5 cm zurecht und übertrage nun die Vinylfolie mit Transfer Tape mittig auf dein Rechteck.

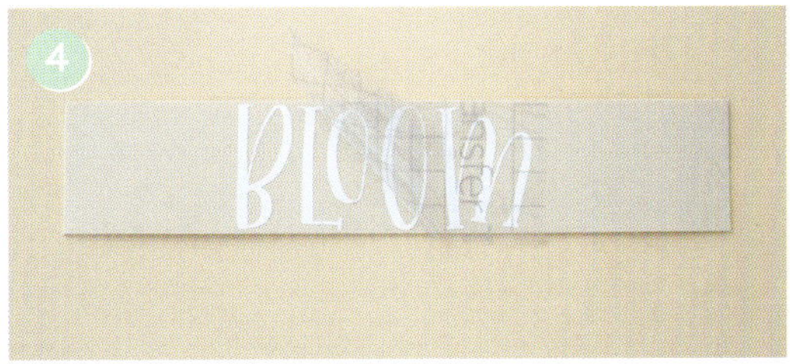

Danach entfernst du vorsichtig das Transfer Tape.

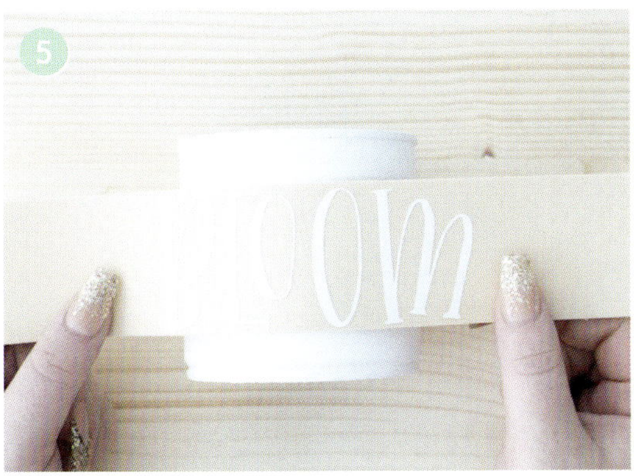

Platziere deinen Moosgummizuschnitt mittig auf der von dir gestrichenen Dose und klebe die Enden mit Sekundenkleber an der Dose fest.

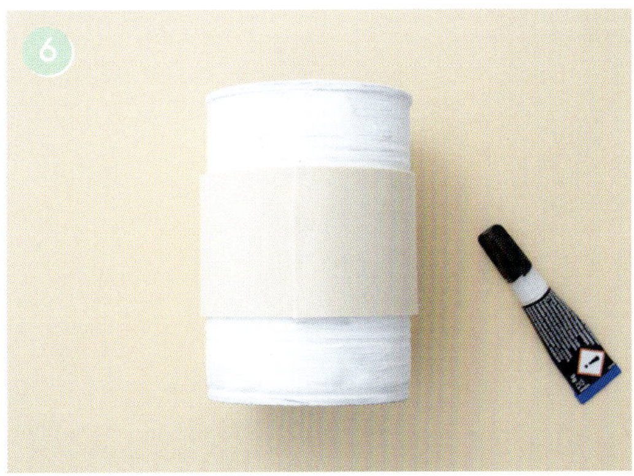

Jetzt können deine Lieblingspflanzen hineingesetzt werden.

AUFWAND:

●○○

FOLIERUNG:

5 Minuten

ARBEITSZEIT:

5 Minuten

SCHNEIDEMATTE:

Kartenschneidematte

SCHNITTEINSTELLUNG:

Farbkarton je nach Stärke

MATERIAL:

Farbkarton in der Farbe deiner Wahl

Folientransferwerkzeug und Folie

Weihnachts-karte

Funkelnde Weihnachtsgrüße – hier erfährst du, wie du das Folientransferwerkzeug des Cricut Joy verwendest und damit edle Weihnachtskarten erstellen kannst.

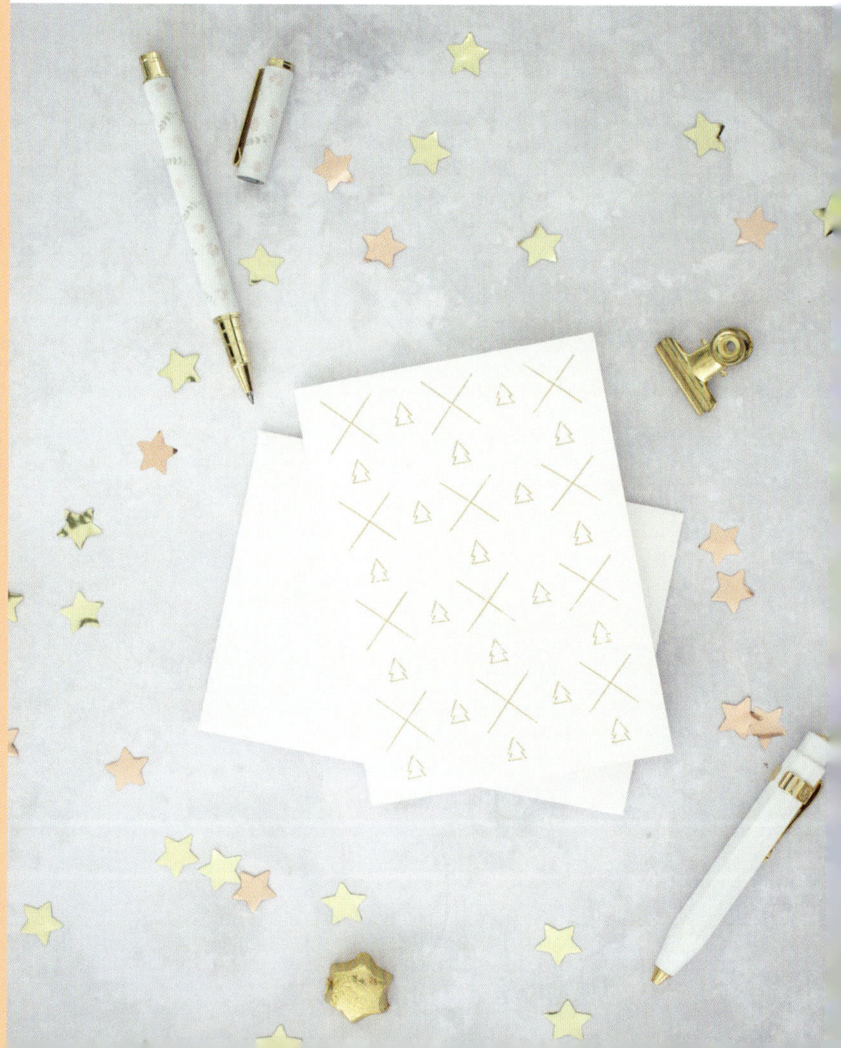

So geht's

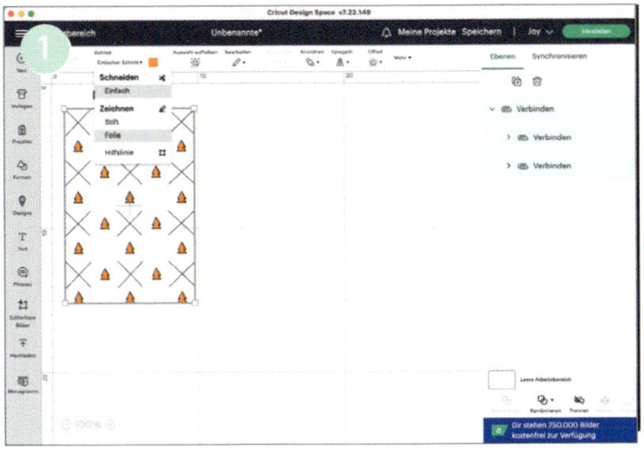

Lade die Projektdatei Weihnachtskarte in deinen Arbeitsbereich. Markiere alles, verbinde die Elemente und hinterlege sie mit dem Befehl „Zeichnen – Folie".

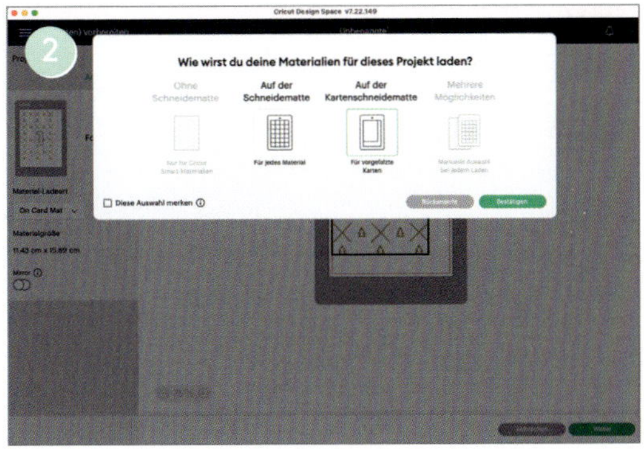

Danach wählst du die Kartenschneidematte aus.

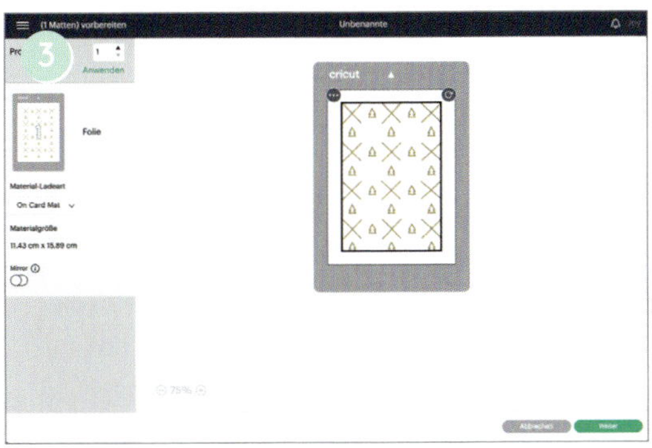

Schiebe die gefaltete Karte in die Kartenmatte und klebe den Deckel auf der Deckfolie fest. Fixiere nun die Goldfolie mit Klebestreifen am Rand auf der Matte. Setze das Folientransferwerkzeug ein, und schon kann's losgehen.

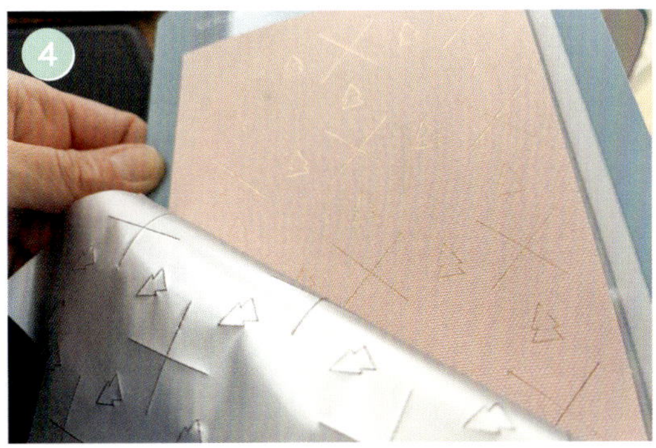

Nun nur noch die Goldfolie abziehen und den Glitzereffekt bestaunen.

Danksagung

Ein großes DANKESCHÖN geht an die Firma Cricut, die mich so umfangreich für dieses Projekt ausgestattet hat.

Danke an die Sponsoren Rayher Hobby, Snaply, Alles-fuer-Selbermacher für die Bereitstellung von Materialien für meine Projekte.

Danke an Lisa von @lisa_kreativ, die mir voller Geduld im Bereich Vektorgrafiken zur Seite stand.

Danke an Melli von @pauwau_inspired, die mich mit ihrem zusätzlichen Wissen und lieben Worten unterstützt hat.

Danke an Anja vom EMF Verlag für dein Vertrauen und die schöne Zeit!

Über die Autorin

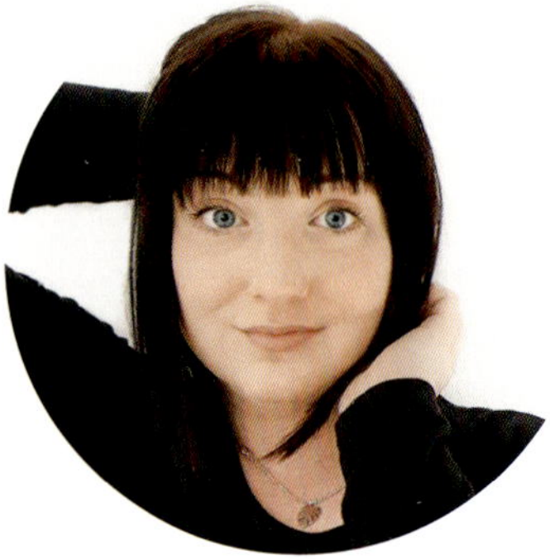

Simone lebt gemeinsam mit ihrem Lebensgefährten im schönen Fredersdorf nah an der Bundeshauptstadt Berlin. Dort hat sie viel Platz, um ihrer Kreativität den nötigen Freiraum zu geben. 2020 entschloss sie sich, nach über 11 Jahren im Einzelhandel, ihre Führungsposition an den Nagel zu hängen. Seitdem lebt sie für das, was sie glücklich macht. Sie erschafft hauptberuflich vielseitigen kreativen Content für ihre Kunden und für sich selbst. Mit Erfolg.

Sie zeigt auf ihrem Blog ***www.machsschoen.com*** und ihrem erfolgreichen Instagram-Account @machsschoen mit mehr als 210.000 Followern, wie viel schöner und bunter das Leben sein kann, wenn man kreativ ist.

Vorlagen:

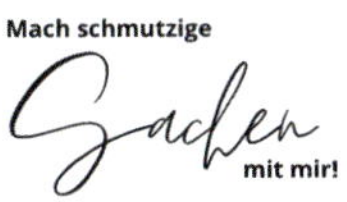

S_22_Schmutzige_Sachen.svg

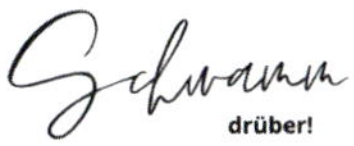

S_22_Schwamm_drueber.svg

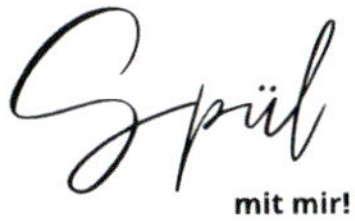

S_22_Spuel_mit_mir.svg

S_24_Blaettertasse.svg

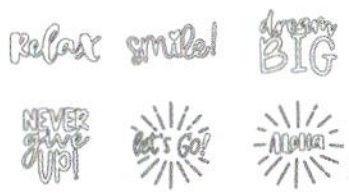

S_28_Schluesselanhaenger.svg

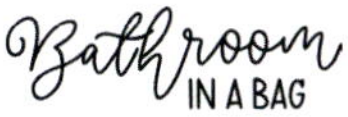

S_30_Bathroom.svg

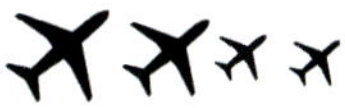
S_30_Flugzeuge.svg

S_34_Badematte.svg

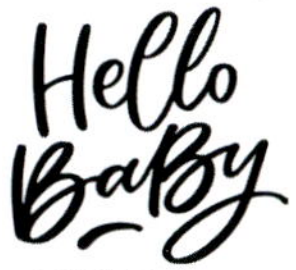

S_36_Motivballons.svg

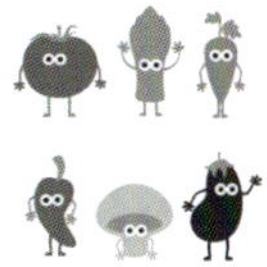
S_38_Freches-Gemuese.svg

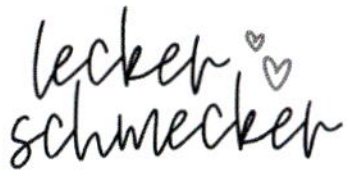

S_38_lecker_schmecker.svg

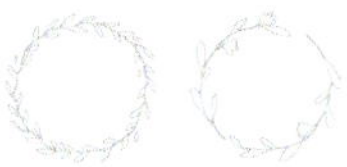
S_42_Filz_Untersetzer.svg

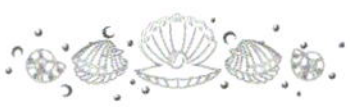
S_44_Siebdruckshirt.svg

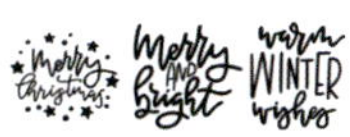

S_48_Christbaumkugeln.svg

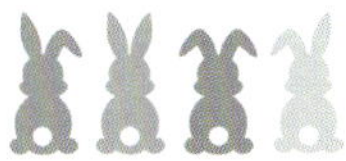
S_50_Osterei_Hase.svg

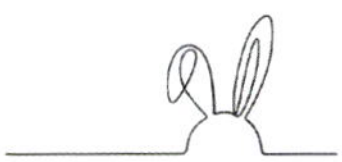
S_50_Osterei_Linie_Hase.svg

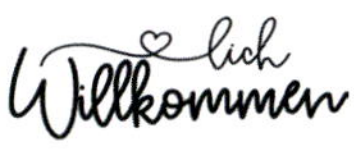

S_52_Willkommensschild.svg

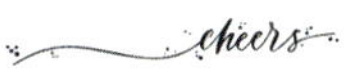

S_54_cheers.svg

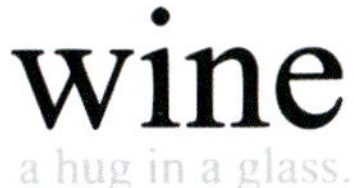

S_54_Wine.svg

S_56_Handyhuelle.svg

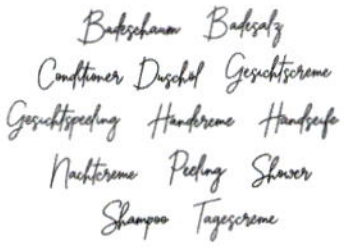

S_58_Etiketten_Bad.svg

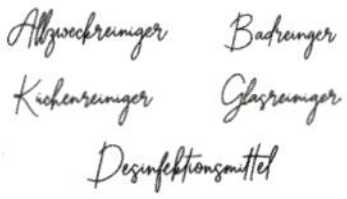

S_58_Etiketten_Reiniger.svg

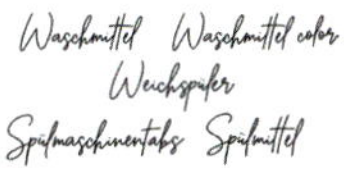

S_58_Etiketten_Waschmittel.svg

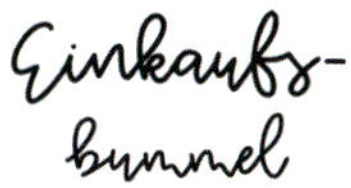

S_60_Einkaufsbummel.svg

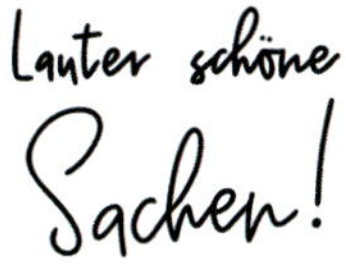

S_60_Lauter_schoene_Sachen.svg

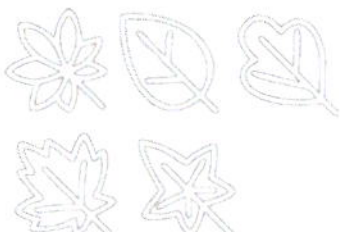
S_62_Kuerbis_Blaetter.svg

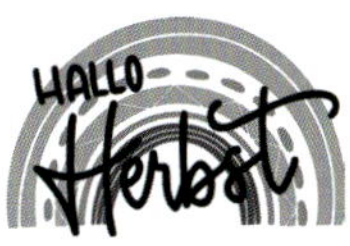

S_62_Kuerbis_Hallo_Herbst.svg

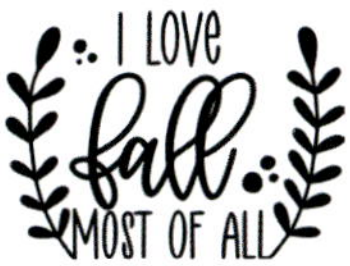

S_62_Kuerbis_I_Love.svg

S_64_Blumenkranz.svg

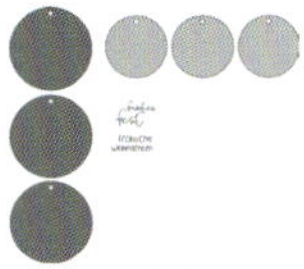
S_66_Geschenkanhaenger.svg

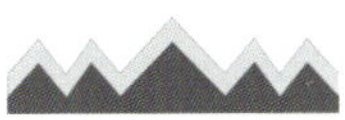
S_68_Krone.svg

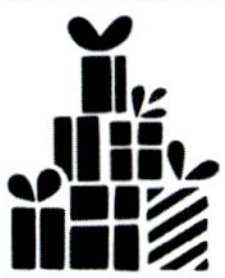
S_72_Geburtstagskarte.svg

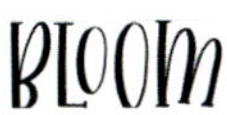

S_74_Blumentopf.svg

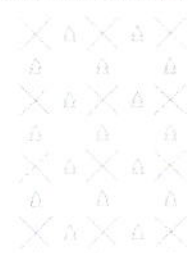

S_76_Weihnachtskarte.svg

Impressum

Bibliografische Information der Deutschen Bibliothek.

Die Deutsche Bibliothek verzeichnet diese Publikation in der Deutschen Nationalbibliografie.

Detaillierte bibliografische Daten sind im Internet über http://www.dnb.de/abrufbar.

EIN BUCH DER EDITION MICHAEL FISCHER

1. Auflage 2023

Covergestaltung: Eva Krebs

Redaktion und Lektorat: Anja Brinkmann

Layout & Satz: Anna-Maria Köperl

Fotos: Simone Groß

Bildnachweis: Alle Projektvorlagen von Simone Groß, außer: S. 30 Hasen-Rückseiten: © Irina Shishkova/Shutterstock, S. 30 Hasen-Outline: © Dychkova Natalya/Shutterstock, S. 36 Hello Baby: © Oksana555/Shutterstock, S. 38 Gemüse: © Maria Lozovska/Shutterstock, S. 44 Muscheln: © Kozyrina Olga/Shutterstock, S. 62 I love Fall: © Gini8/Shutterstock

ISBN 978-3-7459-1648-5

Gedruckt bei Polygraf Print, Čapajevova 44, 08001 Prešov, Slowakei

www.emf-verlag.de